アグネス・チャン

# 心に響いた人生50の言葉

# まえがき

「あなたの好きな言葉を残しませんか?」との編集者からの誘いで、ちょっと戸惑いました。

残せる言葉はあるのかな?　お説教になると嫌だな……といろいろ考えました。

その時、ふっと思い出したのは父の言葉でした。

「迷ったら、一番難しい道を選びなさい」

そこで、決断して、「やらせてください」と書くことにしました。

言葉って、なんだろう?　文字って、なんだろう?

文字は人の考えを符号にして、その場にいない人に残すための通信道具です。

そこに人の思考が綴られると、知識になり、芸術になり、歴史になっていくのです。

人類は人から人へと知識を貯め、進化してきました。

私の中にもたくさんの人の思いや、発想、知識が蓄積しています。

その中で、一番心に響いた言葉を取り出して、本に綴ってみました。

言葉を受け取るというのは、その人を自分の心の中に招くことです。

そのうちに自分の一部となって、知らず知らずに行動に出たり、次の人に伝わっていくのです。

この本を書き始めて、自分の人生で出会った人たちのことを思い出しました。

一人ひとりの言葉、いろんな出会いから悟ったものが、走馬灯のように脳の中を駆け巡りました。

本の中の言葉は、全て誰かの魂が宿っています。

スーダンの児童兵士、ウクライナの子どもたち、父母、先輩後輩……数え切れないほどの人の思いが詰まっている本になりました。

一人ひとりの魂が私の魂となって、文字となりました。
今度はぜひあなたの心の隅っこにでもいいから、言葉たちを置いてあげてください。

いつか、その言葉にあなたが、あるいは誰かが慰められる、励まされる、助けてもらえるかもしれないのです。

時間、空間、次元を超えての言葉の交流……素敵です、感謝です。
ここにある言葉がみなさんの心に響き、穏やかにこだますることが出来たら、最高に幸せです。

目次

## 第Ⅲ章 働く意味を知る言葉



## 第Ⅳ章 賢明になるための言葉

## 第Ⅴ章　強くなるための言葉　111



## 第Ⅵ章　美しく、元気になるための言葉　141



## 第Ⅶ章　絆を紡ぐための言葉　157

## 第Ⅷ章 幸せになるための言葉

## 第Ⅸ章　未来の命への言葉　221

# 第Ⅰ章
# 親の言葉

「親の言葉は砂漠の泉、
闇の光、人生の灯台、
私を見守る魔法の杖」

1

# 迷ったら、一番難しい道を選びましょう

私が二十一歳のときに、父が胆石の手術で亡くなりました。

父は私を無条件で愛し、寛大で優しい人でした。厳しい状況下を必死で生き抜いて、私の花嫁姿さえ見ることができず、この世から離れていきました。

すでに歌手として仕事をしていた私ですが、父の勧めで一時期休養をとって、カナダに留学していたときに父が亡くなったのです。

葬儀が終わると、中国の風水の占いにより、生年月日が父と相性の一番良い子どもだけが最後の儀式を見ることができると言われています。それが私と弟の二人だけでした。

棺が土に降ろされた瞬間、悲しみが大きすぎて、弟の手を握りしめ、天に届くほどの大声で泣きました。父にはもう会えない。心に大きな穴があきました。しばら

大好きなお父さんの言葉は私の宝物です

くは途方に暮れて、幽霊のように過ごしていました。

残された母を大事にするために、きょうだいのために、立ち直らないといけないと気づいて、心の穴を埋めるために、父から貰った言葉を必死で思い出すようになりました。

言葉数の少ない父が、真剣に教えてくれた言葉が三つありました。その三つの言葉が私の座右の銘となり、私の人生の支えとなりました。

私は何事にも臆病な子どもで

した。自信がなく、極端な照れ屋でもありました。何をするにも戸惑って、迷ってしまうのでした。

私の性格を見抜いた父は、「やってみなさい」と言うのではなく、

「やらないのは簡単、やるのは大変。やるか、やらないか？」

「迷ったら、一番難しい道を選びなさい」と言うのです。

「難しい道を選んだら、失敗しても学ぶものは多い。成功したら、喜びが大きいよ」

「やらないと喜びも少ない。後悔するかもしれない」と言うのです。

一番難しい道は苦労も多いはず、やりたくない、と思いました。

「やってみれば、きっとわかる」と父に言われました。

あれから、何かを選択するときに、必ずこの言葉を思い出して、決定をしています。

大きいことも小さなことも、この言葉を思い出すと、選択が明らかになるのです。

たとえば、「眠いから、今日は歯を磨きたくない」と考えているなら、簡単な道は、そのまま寝ること。難しい道は、がんばって歯を磨くこと。父の言葉を信じて、難しい道を選んで、歯を磨くほうを選択すると、必ず良い気分になるのです。「よく

がんばった」と小さく自分の行動に誇りを感じるのです。

大きな決断のときにも使えます。

たとえば、スタンフォード大学の博士課程に留学するときのことです。入学試験に合格したあとに、次男を妊娠していることが判明したのです。普通なら、留学はやめるべきだと思います。

でも、頭の中に父の言葉が浮かんできました。「難しい道を選びなさい」と。

そう考え始めると、「妊娠していても、やれないことはないか……」と、「大変」とわかっていながら、挑戦することになったのです。

それをやり遂げたときの満足感は最高でした。一九八九年に留学して、一九九四年に博士号を取得しました。その間に長男を育て、次男を生み育てました。

この経験は自分に大きな自信を与えてくれました。難しい道を選んで、本当に良かったと思いました。

もしあのとき、留学をあきらめていたら、きっと次男を見るたびに、「妊娠さえしなかったら、私は博士になっていたかもしれない」と思ってしまったでしょう。

そんなのは絶対に嫌です。人のせいにしたくないのです。

どうしてもやりたいことがあれば、それが楽しそうで自分を高められるものであれば、厳しくても、挑戦すべきだと思います。

人生は選択の連続です。賢い選択をすれば、人生は明るく、満たされます。悪い選択をし続けると、人生は乏しく、暗いものになります。

それを選択するのは自分です。

迷ったら、難しい道を選びましょう。きっとそのほうが人生は有意義になると思います。

# 2 いじめを受けたとき、裏切られたとき、相手の幸せを祈る

父から言われた言葉のなかで、実行することが一番難しい言葉があります。

それは「いじめられたとき、裏切られたときに、相手の幸せを祈ろう」でした。

いじめられたら、悔しいし、できれば仕返しをしたいのが普通です。それなのに、その人の幸せを祈るなんて、とてもできないと思いました。

「憎い相手なのに、どうして幸せを祈るの？」と父に聞くと、

「人をいじめる人は、自分の人生が不幸せで、心が狭いことが原因なのです。その人が幸せになれば、他に楽しいことがいっぱいあって、あなたをかまっている暇がなくなるから」と言います。

そういうことであれば、理解できると思いました。

でも、若いときは本当の意味ではできなかったです。仕返しはしなくても、涙を流して、「悔しい、悔しい」とばかり思ったりしました。

大学生になって、心理学を学ぶようになって、少しずつ父の言葉が理解できるようになったのです。

自己肯定感の低い人は、優越感や快感を覚えるために、人をいじめたりします。

その優越感は一時的なものなので、また人をいじめたくなります。その繰り返しで、いじめがエスカレートしていくのです。

でも、もしいじめる人の人生が何かのきっかけで満たされるようになり、自分が好きになって、自分を受け止めることができれば、人をいじめて快感を覚える必要がなくなり、もっと前向きに生きることができるのです。

だから、父の言う「その人の幸せを祈る」は正しかったのです。

根本的にいじめっ子を治すためには、その人の心の冷たいところを、愛情でとかすしかないのです。

それが自分でできるのならいいのですが、そうでなければ、「祈る」しかないですね。

決して、積極的な解決法ではありませんが、父の言う通りだと思いました。

私も人生のなかで攻撃されたり、誹謗中傷されたりしたことがあります。

一回目は「子連れ論争」、もう一回は「児童ポルノ、児童買春禁止法」を推進したときでした。

子連れ論争はそのうちに、社会の風向きが変わり、相手もみんな幸せになって、私の行動が肯定的に受け止められるようになりました。

児童ポルノを反対したことでは、オタクのみなさんの敵となり、いまだにそれは続いています。

さらに中国人であることで、ネット右翼にも攻撃されています。度を超える脅迫や中傷は弁護士に頼んで、対処してもらっています。

そして、毎日、相手の幸せを祈っているのです。

裏切られたときも度々ありました。

我慢できるものは我慢して、追及しないようにしています。「弱気だね」とよく姉に叱られます。

でも、父の言葉通り、相手をとことん潰してしまうのがベストなのかどうか？相手に立ち直る、改めるチャンスを残すことで、自分の気持ちも楽になると思います。

「変わらない人はまた過ちを起こすよ」と姉は言います。

それも確かです。ときと場合によっては、ちゃんと罰を与えることも優しさの一つ、と思います。

でも、そのときも、相手の幸せを祈りながらやっていきたいです。

仕事上、私に一時的にギャランティーが払えなくなった方がいました。追求して、倒産に追い込むこともできましたが、私は「時間をかけて、払ってくれればいいよ」と追求しない道を選びました。

心の中では、「立ち直って、もう一度、仕事ができるように」と祈りました。その祈りが通じたのか、その方は何年後かに会社を立て直し、定期的に仕事をくれるようになりました。

もちろん滞納していたギャランティーも支払ってくれました。

多少の損があっても、「相手の幸せを祈る心は大切」と思っています。

# 3 お金や名声は流れもの、奪われるもの。一度頭の中に入った知識は

# 一生の宝、誰からも奪われない

十四歳で香港でデビューして、いきなりアイドルになりました。

十七歳で日本に来て、それもおかげさまで、ヒット歌手の仲間入りをしました。

毎日忙しくて、食べることも、寝ることも満足にできずに働いていました。

日本でフル回転で仕事をして、故郷に帰るとさらにダブルフル回転で働いていました。

父はその姿を見て、かなり怒りました。

「このままでは自分を見失います。誰も君のことを知らないカナダへ留学して、頭を冷やしなさい」と、父が言い出したのは、私が二十歳になったときでした。仕事が絶好調のときだったので、周りは大反対でした。

そこで父が言った言葉が胸に響きました。

「お金や名声は流れもの、奪われるもの。でも、一度頭の中に入った知識は一生の宝、誰からも奪われない」という言葉でした。

「勉強できるときには、ありがたく勉強しなさい」とも言われました。

「なるほど」と、そのときは本当に納得しました。

それを信じて、一時期、芸能界をやめて、カナダへ留学しました。

それが人生の大きな転換となった、と振り返ってみて、実感しています。

そのまま芸能界に残っていたら、今のアグネスはいないと思います。

知識を得る楽しさ、大切さをその言葉から学びました。そして、その通りに大学、大学院へと勉強し続けた結果、芸能界以外の仕事もできるようになり、仕事の幅が広がり、社会活動をするときも周りから信頼されるようになりました。

そのおかげで、年を重ねても、自分の世界を持てるようになりました。

父のおかげで向学心が植え付けられ、今も学ぶのが大好きで、新しい知識を学ぶときのときめきを楽しんでいます。

もしあのとき、そのまま芸能界に残っていたら、燃え尽きていたかもしれません。

長く、楽しく、生きるためには、お金や名声にこだわるのではなく、一生の宝という、頭に入る知識を求めるべきですね。

# 4 鉄を打つには原料の硬さが必要

母は、父ほど人生の理屈を教えてくれたりはしませんでした。それでも六人の子どもを育てる大変さで、背中で生き方を教えてくれたと思います。

そんななかで母がいつも口にしていた言葉があります。

「打鉄還需本身硬」

鉄を打つときには、元の材料の硬さが必要、という意味です。

つまり何をやるにしても、自分の実力が必要という意味です。

他力本願や、何か上手いやり方でものを手に入れるのではなく、自分を鍛えて、実力をつけるのが一番大事、ということです。

母が言う実力とは、必ずしも学力とか、力持ち、ということではないのです。

たとえば、長女は可愛いので——それも実力です。それによって女優になりました。

次女は頭がいいので、医者になればいいと言い、姉は本当に医者になりました。

私の「実力」は見当たらない時期が長かったのですが、歌が歌えるとわかって以

9回妊娠して、生き残った6人の子どもを育て上げた母に、
いくら孝行しても足りません

来、それが私の「実力」、と母は確信していました。

「人に頼らない、人を信じ過ぎない、自分が強くなるのがすべて」、と母は言い切るのです。

「世の中は冷たい、強くないと生き残れない」とも言います。

私は母の意見には必ずしも同意ではないのです。自分の強さも大切ですが、周りの助けと協力がないと大きな成功は難しいと思っています。

でも、確かに自分に実力がなければ、発展することは不可能です。

ある意味では、自分の「長所」を見つけることがとても大切です。

そして、長所を自分の実力に変えるのは、努力次第だと思います。

母は簡単に褒めてはくれません。いつも「このくらいで満足？」という態度で私たちに接します。

時々褒めてもらいたいと思いますが、さらにその上を要求してくる母の凄さには脱帽です。

「自己満足しないように、もっと硬い鉄になれるはず」という母の厳しさが私たちきょうだいのがんばりの元になっていると思います。

自分の長所を見つけ、磨き続ける大切さを教えてくれた母に感謝です。

# 第Ⅱ章 自分を大事にする言葉

「自分の価値を認めて初めて、人の価値がわかる」

# 5 自分を愛する。自分のいいところも悪いところも受け入れ、自分の生きる価値を疑わない

「自己愛」という言葉には何となくネガティヴなイメージがあります。

「あの人はいかにも自分が大好きな感じ」と言われるときは、その人はナルシストで、自己愛が強い、と受け止められているということです。

でも自分を愛することはとても大事です。

自分を愛せない人は、人を愛することもなかなかできないのです。

自分を認められる人は人も認めます。

自分を受け止め、自分が嫌いではないことは幸せな人生の基本です。

確かに過剰に自分だけを愛する人もいます。わがままで、自分がいかに人よりも

優れているのかを認めてもらいたくて、人生をその欲望で設計してしまいます。

これは自信過剰に見えますが、実際はコンプレックスの裏返しです。

自分の価値を人の評価で測っているのです。これは大変危うい考え方です。

どんなに成功している人でもきっと、もっと成功している人がいます。

どんなに美しい人でも、もっと綺麗な人はいます。

人と比べ始めると、キリがないのです。

そうすると永遠に満足できず、劣等感で苦しみます。

場合によっては、優越感を持ちたいために、人をいじめたり、悪口を言ったり、愚かな行動で快感を求めます。

その快感は持続しないのに、そのような行動を続けて、エスカレートして、嫌な人間になっていきます。人を嫉妬したり、差別したり、人生の大切な時間を台なしにしてしまいます。

さらに、自分を正当化するために、人のせいにしたり、悔しさが募り、ますます幸せの道から遠ざかるのです。

気づいてみたら、いつも不安で、素直に人の幸せを受け止めることができなかったり、周りからも敬遠される人になってしまいます。

このような人があなたの周りにもいませんか？

そんな人にはなりたくないですよね。

そのためには、適切な「自己愛」が必要です。

それは自分を認めて、自分の生きている価値を疑わないことです。

誰の上にも立たず、誰の下にもいません。生まれながら、自分も人も平等で、大切な命を心から認めることです。

人と比べない、自分のベストを尽くして毎日を過ごす。人の幸せも自分の幸せのように喜び、人の悲しみを分かち合える広い心を持つようにする。

そうすることで、嫉妬もせず、差別もせず、穏やかな毎日が過ごせます。

これを「自己肯定感」と心理学は言います。


残念ながら、アジアの国は自己肯定感の低い方が多く、自分のことを愛せない人が多いといわれています。

実際「自分が好き」と思うことには勇気が必要です。「謙虚でいなさい」「満足するな」と小さいときから言われて、自信満々な人、楽しそうに振る舞う人は「軽い」と見られる社会の雰囲気があります。

だから目立たないように、静かにしているほうが安全、と覚えてしまうのです。

しかも、日々比べられ、高い目標を持てと言われ、強いプレッシャーのなかで成長してきた方が多いように思います。

欧米のように、親が子どもを一人の人間として認め、小さいときからリスペクトする文化がないために、自分の価値がわかりにくいのです。

特に多くの親は条件付きで愛情を与えるので、子どもは「いい子」「勉強ができる」「可愛い子」でないと価値がないと思ってしまいます。

大人になってからこの劣等感を消すことはとても難しいです。

多くの人は恋愛をしたときに、「あなたが大好き」と言われて、いきなり自分の存在と価値を認められて、人生が変わるのです。

でも、そういう人に出会えない人は、劣等感を持ったままで一生を過ごすのです。

だから、ここでお勧めするのは、「自分を認める」「自分を愛する」ことです。

私も日頃からやっています。時々、自分につぶやくのです。「アグネス、よくがんばっているよ」「アグネス、あなたは価値ある人間よ」「アグネス、大好きだよ」と言います。

自分に優しくすることはとっても大切です。

人から自分を愛してもらうのは絶対にできるということではありませんが、自分で自分を愛することはできることです。

そう、今からできることです。そして、そのうちに、周りからも愛されます。

でも、まず第一歩は、自分を愛することです。

# 6 無我夢中。我を忘れるほど好きなことを見つけましょう

自分を忘れるほど、夢中になれることを持っている人は幸せだと思います。もちろんギャンブルや、薬物依存症のような有害な行動は別ですが。

でも、何かやっているときに、ときを忘れ、食事を忘れ、自分さえ忘れてしまうようなことがあると、飽きのこない人生が過ごせると思います。

そういう人は、とっても羨ましいと思います。

私も時々そうなります。

初めて経験したのは中学生、ボランティア活動に参加したときでした。

自己意識が高かった私は、自己肯定力が乏しい、思春期の子どもでした。

人とつきあうのが苦手で、極端な照れ屋で、自分のことが大嫌いでした。友達もあまりいなかったし、知らない人とは話さない、無気力な暗い子どもでした。目標は誰からも見られないこと、できるだけ人と関わらないことでした。

そんな私がある出会いで変わったのです。

私は中学生になって、ボランティア活動に参加しました。

そこで出会った子どもたちは厳しい生活をしていました。身体が不自由な子、目の見えない子、親のいない子、難民の子、がんの末期患者。幼い私には想像もできないほど、大変な状況のなかでがんばっている子どもたちでした。

どうやったら、その子どもたちに笑顔を取り戻すことができるのかを、必死で考え、あの手、この手で活動をしていました。

終わりのない物語をつくって、毎週子どもたちにお話をしたり、歌を覚えて教えてあげたり、学校で歌を歌って、それで食べ物の寄付を集めたり……。

頭の中が子どもたちのことでいっぱいになったのです。

ボランティア活動をするためには、ある程度の成績が必要なので、勉強にもちょっと精を出しました。

そうして、気づいてみたら、あの無気力で暗い自分が人と接しているし、笑顔で子どもたちの前で話しているし、学校で人の前で歌まで歌っていました。

あの自己意識過剰の自分はいつの間にか消えていました。子どもたちは私に自分を忘れる力をくれたのです。

それが私の「無我夢中」の初体験でした。

自分を忘れられるって、こんなにも気持ちがいいものか！　と実感しました。

自分のために生きることには限界があると思います。でも、自分の時間を誰かのために使って、その誰かが少しでも幸せになれたときは、最高に「生きている」と感じられたのです。

その嬉しさを教えてくれたのが、中学校ボランティア活動で出会った子どもたちでした。

人間って、自分のために生きるのが自然だというけれど、私の経験では、それを信じている人はいつも警戒心が強く、自己意識過剰で、人生は辛いと思います。

でも、人に笑顔を与えることを目的にする人は人生が楽しそうに見えます。

たとえそれが自分の家族や友人のため、あるいは同僚やお客さんのためでも、人を笑顔にする行いをしている人は自分も笑顔になります。

私もこの生き方を選びたいと思います。

無我夢中に、誰かのために生きていきたいものです。

自分を忘れて、自分より他人のための行動を取るときに、一番人間らしいつとめができると思います。

そして、そこから得る喜びは何よりも大きいと思います。

# 人と比べない 7

私に子育てのアドバイスを求める親に、私が真っ先に言うのは「子どもを他の子どもと比べないでね」ということです。

子どもを他の子と比べると、子どもの自己肯定力が低下します。

子どもを丸ごと受け止めて、存在を認めてあげることが子どもの自信につながります。

しかし、私たちが生きている社会では毎日のように誰かと比べられます。学校では点数がつけられます。体育では速さや上手さが測られます。

親戚からは背の高さや、可愛い可愛くないなどが比べられます。

友達の間では太っているか痩せているか、異性にモテるかどうか、いろいろ比べられます。

成人しても、職場で比べられます。

狭くて競走の激しい社会では、特に自己肯定感を持ちにくいです。

日本の若者の自己肯定感は特に低いことが指摘されています。それは親や社会から期待されて、その目標に達することができないことが原因なのか、比べる文化で潰されているからなのでしょうか？

自己肯定感の高い人は他人を気にせず、のびのびと成長できます。他人が良くできても自分の価値は変わらないので、謙虚に人からいろいろ教えてもらうことができます。

常に平常心でいられて、自分の長所を伸ばすことができます。

自己肯定感が低いと、自信が持てない、何をするときにも大胆になれないとされています。人が羨ましくて、嫉妬したりもします。

他人の目を気にしすぎて、集中して自分を伸ばすことができなくなるのです。

だから親は「あなたはあなたでいいのです」と子どもにわかってもらうことが大事です。

もし親が「あの人ができるのに、どうしてあなたはできないの？」と子どもを責めると、子どもは逃げ場がなくなります。

そういう親元で育てられた子どもがいっぱいいます。

大人になってから、自分で自己肯定感を取り戻すことは簡単ではありませんが、できないことでもないです。

その方法は、人と自分を比べないことです。

人は人、自分は自分。

どうしても比べるのなら、自分と比べましょう。

今日の自分は昨日の自分より少しいい人になったのかな？

明日の自分がよりいい人になるために、今日、できることはあるのかな？

自分と比べるのは前向きな行動です。より自分を高めることができます。

「言うのは簡単ですが、実行するのは難しい」と友達は言います。

雑誌を見れば、「痩せたい」「シワを伸ばしたい」「歯を白くしたい」と、自分とモデルとを比べてしまいます。

「十分魅力的ですよ」と言ってあげても、信じてくれません。

自分のルックスにコンプレクスを感じてしまって、ダイエットを繰り返したり、整形を何回もした人がいます。それでも満足できず、整形を繰り返しているうちに、前よりもひどい顔になってしまいました。とっても残念な結果です。

中国で本のサイン会で出会ったお母さんが、泣きながら私に相談しました。

「娘に勉強、勉強、と言いすぎて、大学受験に失敗した娘は家出をしてしまい、まったく会えていないです」と言うのです。

「いとこがいい大学に入ったので、それでどうしても自分の娘もそうなってほしくて……」と涙を流すのです。

私は「大学に入っていない娘でも、愛しているでしょう?」と聞いたら、「もちろんです」と言います。

「娘にそういうふうに言っていますか? 愛していると言ったことありますか?」と聞いたら、目を丸くして、「ないです……」と言います。

「一度も?」「はい。……一度も言ったことがないです」と言うのです。

私は「子どもはいくつになっても、親に愛されたいし、親に認めてほしいのです。娘を他の人と比べないで、今日、彼女の家を訪ねて、愛していると言ってあげてください。遅くはないから」と助言しました。

「言えるかな?」とお母さんは戸惑っていました。

「娘のために、愛していると言ってあげてください」と励ましました。

後日、そのお母さんから連絡があって、「アグネスさんの言われた通りに娘に『愛している。比べてごめん』と話したら、家に戻ってきました」という報告がきました。

人と比べない。生まれてきた命はみんな平等。みんな大事な命。それを忘れないようにしましょう。

# 8 人生のなかのアイデンティティークライシス（危機）を乗り越える

私たちは自分の姿を確認するときに、鏡を見ます。

しかしそこに映し出されるのは正面から見た自分だけです。

より正確に確認するために、三面鏡を使ったりもするけれど、それでも、実際の姿はなかなか見られないものです。

案外私たちは自分の一面しか見てないかもしれません。自分に対する思い込みでそれが自分の姿だと信じ込んでしまっているのです。

それは外見だけではなく、内面に関しても、立体的に見ていない可能性が大きいのです。

立体的に自分を見るために、他の人の意見や見方を知ることが必要です。

信頼できる仲間や、観察力を持つ先輩・後輩が周りにいる人は意見が聞けますが、そのような人が周りにいないと、立体的に自分を見ることは困難です。


自分を知ることはアイデンティティーを確認することだと言います。

「私は誰？」「どうしてここにいるの？」「これからどこへ向かうの？」

この三つの問題に答えて、自分を確認するのです。

自分のルーツ、自分の現状、そして自分の夢や目標を理解することで、初めて立体的な自分を確認できると言います。

人生には三大アイデンティティークライシスがあると言います。

思春期のとき、結婚や就職するとき、そして、退職したり子どもが巣立ったときです。その度に、自分の価値を疑ったり、自分の結論が正しいかどうかが不安になったり、目標が見えなくなったりするといいます。

一つひとつのアイデンティティークライシスを乗り越えることで、自分に誠実な人生が送れるともいいます。

思春期は子どもと大人の間の時期で、身体の変化、ホルモンの増加で精神的に不安定になります。最近は自分の性別でさえ、身体だけでは決められないといいます。男なのか、女なのか、両方なのか……。心と身体が同じではない場合は特に本人は苦しみます。

将来について考える時期でもあるために、悩みの多いクライシスです。

ホルモンのせいで、子どもがその時期には親に反抗したり、喧嘩したりします。それで余計に気持ちが不安定になっていきます。

だから、親は子どもが思春期に入る前から、この状況を教えるべきです。

ホルモンの影響や、精神的にも、肉体的にもストレスが増えることを先に子どもに知らせておくのです。

必ず通る青春の危機も、心の準備ができていれば、乗り越えるのは楽になります。

親が子どもの三面鏡になってあげることが大事です。そのために、我が子のことをよく知っているように、日頃からよく付き合っていることが必要です。

進学の問題、肉体の変化などについても、相談しやすい雰囲気をつくり出しておくことが大切です。

思春期を乗り越えれば、子どもは安定して、大人になっていきます。

思春期までが子育てのピークなので、その後は大人と同様に付き合うのが基本です。


次のアイデンティティクライシスは就職や結婚。

人生を大きく左右する決断に迫られたときに、誰もが悩みます。

今までは、離婚も転職も少なかった時代でしたが、最近は離婚も転職も珍しくなくなったので、若者は自分には合わない職種や職場に就職したら、辞めて別の仕事を探せばいいので、少しは気楽です。

しかし、「気に入らないから、辞めます」という働き方はいただけないし、満足なキャリアを築くことはできないと思います。

だから、自分は何をやりたいのかを慎重に確認することが大切です。結婚も就職と同じで、相手を選ぶときには感情的にだけでなく、自分が本当に描いている未来は何かを考えるべきです。

最近は離婚する若者も多く、失敗しても、次のチャンスはあります。しかし、子どもがいる家庭では、離婚は子どもへの影響が大きいので、最初から相手と自分の相性をよく見極めることが賢明です。

三つ目のアイデンティティクライシスは退職した後、あるいは子どもが巣立った後にやってきます。

第二の人生をどう生きるのか？　会社のため、子どものため、という大きな目標を失ったときに、残りの人生は誰のために生きるのか？

明らかに、「自分のために」が正しい答えですが、多くの親は自分のアイデンティティーを夫や子どもに頼ってきたので、急に自分は誰？　何をやりたいの？　かがわからなくなったといいます。「空き巣シンドローム」に陥ってしまいます。

人生をまっとうするために、子育てが終わった時期も充実して過ごしたいものです。

そこで、もう一度自分探しが必要となります。

やりたいことはまだあるのか？　死ぬ前に行きたいところはあるのか？　会いたい人はいるのか？

「したい」ことをリストアップすることをお勧めします。

大きい夢でも小さな目標でもいいので、リストがあれば、目標ができるようになります。

すべてが叶うとは限りませんが、夢がないと、毎日が単調になります。

外国では、これは「Bucket list」〈バケツのリスト〉と言います。

この言葉の由来はちょっと怖い話です。人が首吊りをするときに、バケツの上に立ちます。死ぬ覚悟ができたときに、バケツを蹴って、首を吊るのです。

死ぬ前にやりたいことを全部やり尽くしたら、バケツを蹴って、あの世に行く、という意味です。

私もバケツのリストをつくっています。とっても楽しい作業です。

ぜひ、みなさんもバケツを蹴る前にやりたいことをリストアップしてみてください。

# 9 誰の上にもいない、誰の下にもいない

人として、自分が誰かより偉いと思ってはいけないと思います。

でも、自分が誰かより価値がないと思う必要もありません。

人は生まれながら平等です。

しかし、人の歴史を見ると、階級や身分など格差を社会的につくり出してきた証拠は数え切れないほどあります。

人種による差別はいまだに根強く存在しています。

性別の差別では、男女だけでなく、最近ではＬＧＢＴＱへの差別も目立ちます。

経済的な格差を持って生まれてくる差別も、世界各国で深刻になっています。

年齢差別も最近は目立ちます。高齢者に対する冷めた対応、子どもに対する嫌悪感などが指摘されています。

体型や容姿で差別されてしまう人もいます。

このような差別にはいくつか原因があると言われています。

一つは相手のことがよく理解できていないので、無知から生まれる誤解的な差別です。

もう一つは相手をよくわかっているけれど、好きになれないことから生まれる差別。

さらに、相手の存在が自分の立場に不利を与えると思って、意図的に差別をすることもあります。

もっと悪質なのは相手を押さえ込むことによって、搾取して、利益を得るための差別です。

どれもこれも、理にかなってないのに、世の中に差別は存在して、多くの人がそれによって弱者となり、辛い思いを強いられています。

「自分は差別なんか絶対にしない」と思っている人も、知らず知らずに、人を差別している場合が多くあります。

たとえば、「女性は方向音痴ですよね」「女性は理科に弱い」と言ったりします。

すべての女性が方向音痴、あるいは理科に弱いとは限らないので、それは固定観念、「上から見下ろす態度」のうちに入ります。

「私は外国人の友達が多いから、人種差別は絶対にしないよ。でもね、この前、ある人が私に〝韓国人ですか？〟と聞いてきたの。失礼ね」と言う友達がいました。彼女は気づいていないようですが、その言葉から、無意識に人種差別をしているようにとらえられてしまいます。

「アメリカの食べ物はカロリーが高くて、だから太っている人が多いですよね。日本食は優れていて、健康的です」というような発言も、ある特定な国の食文化を蔑視しているだけでなく、太っていることをネガティヴにとらえていることも差別発言となります。

無意識のうちに、私たちは固定観念に縛られて、優越感的な考えを持ってしまっているところが多々あると思います。

でも、差別する人は必ず差別されます。自分だけでなく、自分の民族も、子どもそんな目に遭ってしまうので、大切なことは、自分は「誰の上にもいない、誰の下にもいない」という考え方です。人間はみんな平等。すべての人をリスペクトする心を持つことです。

スタンフォード大学の教育学部の博士課程ではモラルの授業は必修でした。

そこで差別についての授業のときに、私はいかに差別の構造が見えていないのかを指摘されました。

その日は、黒人と白人のパネリストが模擬座談会の形式をつくって授業が始まりました。教授は「これから模擬座談会が始まりますので、どこで差別的な言動があったのか、注意して見てください」と言うのです。

模擬座談会が始まって十五分、いきなり教授は私を指して、「差別的な言動を見つけましたか？」と聞いてきたのです。

私はちょっとびっくりして、「別に気づきませんでした」と答えたら、クラスメイトが一斉に手をあげて、発言し始めました。

「黒人の女性の発言が途中で邪魔された」「白人が優先的に話す機会を与えられていた」と言いました。

問題は白人の司会者にあったようです。言われてみれば、確かにそうでした。

先生は「日頃、注意して聞かないと、わからない差別が世の中にたくさんあります。

教育関係者は、特に差別を見抜いて直していかないといけません」と言われました。目から鱗の話でした。

そういう目で見ると、マイノリティや女性の発言がいろんな場所で少ないと気づくようになりました。

普通の集まりでも、夫が話しているとき、妻は黙っている場合が多いのです。女性は聞かれないと話してはいけない雰囲気が多くあります。

これは日本だけでなく、アジアの国の中でよくあります。

そんな風習のなかでは、女性はそのうちに自分の発言力を失い、大事な結論や決定に参加できなくなります。

男女平等のために、世界がより幅広く成長できるために、日頃から平等な意見の交換は絶対に不可欠です。

アメリカでは人種の問題は命に関わることが多くありました。

銃を所有できる国だけに、警察は黒人に対する警戒心が強く、過剰な暴力で多くの黒人が取り締まり中に命を落としています。

最近では警察官が身体にカメラをつけることで、このような事件が多く発覚して、その度にデモが起きています。

多くの黒人の先祖は奴隷として無理矢理アフリカからアメリカに連れてこられた悲しい歴史があります。

長年の差別の構造によって、黒人が出世するハードルは高いのです。

最近は「嫌中」の風潮が強い政権によって、アジア人に暴力を振るう事件が相次いで起きています。さらに、政治観念の違いによって、友達も親戚も喧嘩するようになっているといいます。

アメリカのなかでの分裂が激しくなっています。

世界の資源が限られてくると、人々は内向きになるといいます。

「トライバル・メンタリティ」「部族的考え」と言って、仲間意識が極端になって、それ以外の人は受け入れてもらえない、場合によっては一緒に被害者意識を持って他の者を攻撃したり、ときには優越感を持って、人を差別したり……。

今の地球はこの状態に流れていくように思います。

だからこそ、自分だけでも、平常心ですべての人をリスペクトできるようになりたいと思います。

# 第Ⅲ章 働く意味を知る言葉

「『力』という字は『ちから』とも読むが、『つとむ』とも読みます。努めて初めて『力』が付くのです」

# 10 得する、損するを考えずに、全力で働く

若者の話を聞いていると、結構、損得にこだわっている人が多いように思います。

「このくらいの給料だから、このくらい働けばいい。多く働くと損だ」

「僕だけが働いて、他の人は怠けている。がんばっても得なし」

「また仕事が増えた……。イヤだよ」と愚痴をこぼす。

「働けるときが花よ」という時代に育てられた私にとっては、このような話はあまり納得できないのです。

働くことは生活のためだけでなく、勉強であり、キャリアを積み重ねていく過程でもあるのです。

ある程度成功して、自分の価値が確定できるまでは、とにかくガムシャラに働くことが大切だと思うのです。

得か損かにこだわると、せっかくのチャンスを逃してしまう場合があると思うのです。

職場で吸収できる知識を思いきり自分のものにして、人間関係を築き上げ、社会人としての信頼度を高めることができれば、収入よりも貴重なものを得られると思うのです。

自分の労働力を惜しんで、楽に働こうとして、職場で評判を落としてしまうことこそ、大損です。

評判がよく、みんなから愛され、尊敬される存在になれば、どこに行っても働けるようになります。

「あの人は努力をする、出し惜しみしない、勤勉な若者だ、と言われるようにどこへ行っても一二〇%の力を込めて働きなさい」とよく息子たちにも言っています。

「中途半端が一番つまらないので、やるなら、ベストを尽くしましょう」とも話しています。

「Anything worth doing, is worth doing well」「物事をやると決めたら、最高に仕上げる価値がある」そうでないと楽しくないよ、と言っています。

息子たちはこの言葉を胸に秘めて、確かにどこへ行ってもがんばるようになりました。

長男は最初に入った会社での評判がよく、自分が起業してからも、元の会社の上司と仲良くしています。相談に乗ってもらったり、これからも必ず支えていきます、と言ってもらっています。

次男は最初の会社で評判になり、次の会社にヘッドハンティングされ、転職しました。そこでも評判になり、次の会社に誘われて、転職しました。実績を積み上げて、自分のキャリアアップにつなげています。

三男は就職して以来、貢献度が高く、休まずに働いて、自分の研究室を持つようになりました。

必死で働けば、必ず実る。得と損を考えずにがんばるのみの精神は彼らにとっても良かったようです。

今では、それぞれ職場で余裕が生まれ、自分たちががんばってきた毎日が良かったと思っているようです。

もちろんまだ若いので、これからも楽しく働いてほしいと思います。

三男が大学生のときに、冬休みを利用して日本の企業にインターンとして働いたことがあります。お給料はもらえないが、勉強の意味で入社したのです。

しかし、専門がＡＩとコンピュータープログラミングだと知ると、その会社は大きな仕事を彼に任せることにしました。

それは顧客の名簿の中で片仮名だけ、あるいは漢字だけで登録している人が同じ人なのかどうか、プログラムをつくって、選別してほしいという仕事でした。

これは大変複雑な作業です。とても冬休みの間だけでは完了できません。

大学に戻っても、彼はこの作業をやり続けたのです。

「大丈夫？　報酬ももらえないのに、そこまでがんばる必要ある？」と私はつい聞いてしまいました。

「損得ではなく、僕が納得するまでやりたいのです」と三男はきっぱりと言いました。

どうも、損得にこだわったのは私でした。

その後、その企業から特別に感謝されたということはなく、やるだけやって、おしまいでした。

でも、息子はそんなことはまったく気にせず、満足そうにしていました。

そんな息子を誇りに思います。この経験はきっといつか人生のなかで活かせていけると思いました。

## 11 敬業楽業

大手プロダクションから独立して、自分の会社をもつようになり、人を雇うようになりました。

そうしたらいろんな人の働き方を見るようになりました。

そのなかには、すぐに病気になり休みがちの人がいたり、同僚の働き方に不満を持って人の悪口を言う人がいたり、すぐに辞めてしまう人、辞めないけど一生懸命働かない人、誠実な人、嘘をつく人……。本当にいろんな人がいました。

それでも、私はいつも働いてくれた人に感謝します。

時間は人生、自分の人生を私たちの会社で分かち合ってくれたことに縁を感じます。

私は「自分の仕事に敬意を払って、楽しく働くことが最高な働き方」と、思っています。

「敬業楽業」ができる人を尊敬します。

日本にはそういう人がいっぱいいます。

ラーメン一筋で一杯の麺に命をかける人はとっても素敵に見えます。

何代も続く焼き鳥屋さんで、毎日毎日そのタレをかき回しては、煙の中で最高の焼き鳥を誇りを持って焼いている方も尊敬します。

近所に時計を治す職人さんがいます。最近は仕事が減っているようですが、自分の腕に自信があって、一つひとつの時計を大事に直していきます。

その方の働き方もとっても素敵だと思います。

でも、そうでない人もいます。

一度、社員から衝撃的な告白がありました。

日頃から「損得」にこだわり、報酬に対して細かく注文してくる社員ですが、遅刻をすることもなく、真面目に働いていました。

ある日、突然、「アグネスさんと同じ夢を見ることはできません。でも、ここで働くことは続けたいです」と言うのです。

ショックでした。意味がよくわからなかったです。

私たちの仕事は夢を売る仕事なので、同じ信念がないと説得力がなくなります。

「それなら、君のためにも、この仕事をやめて、他の仕事をやったほうがいいよ」と彼に言いました。

「ここは収入もいいし、金銭面では満足しています。世の中にはボスと同じ方向に向かっていなくても、働いている人がいっぱいいます。僕は特別ではない。子どもと奥さんを養っていくために、この会社で働かせてください」と言い張って、辞めたくないと言うのです。

お金だけのために我が社に残りたい、とはっきりと言ってくる社員。

「バカ正直」とも言える彼の宣言に、私たちは大きく戸惑いました。

毎日現場で共に行動する人なので、私はどうやって一緒に仕事をすればいいのかわからなくなりました。

温かく接していいのか？　何を話せばいいのか？　本当に悩みました。

結果として、他の社員にも影響が出るので辞めていただきました。

すべての社員が自分たちと同じ夢を持つことは望みませんが、はっきりと言われたのは初めてでした。

彼の態度は、会社に対しても、私に対しても、失礼だと思いました。

でも、本当は、彼は自分に対するリスペクトが足りないのだと思いました。

心を込めて仕事ができないと、成果が上がっても喜びはないだろうし、失敗してもまったく残念に思えないと思います。

そんな人生を送るのは自分に申し訳ないと思います。

好きでない仕事をしているのなら、もっと自分の実力を高めて、転職を計画すべきだと思います。

確かに彼の言う通り、多くの人が生計を立てるために働くのは仕方がないことです。

でも、その生活を支えてくれる仕事に敬意を払うのは最低限の礼儀だと思います。

働けることに感謝して、ベストを尽くして、できるだけ貢献して、楽しく働くのが、人のため、自分のためだと思います。

この仕事を、とてもしたいと思う人が他にいるかもしれないのに、「お金だけのために働いているのです」という姿勢で働いているのなら、他の人の人生まで邪魔をしてしまいます。

彼はその後、別のプロダクションに就職しました。その会社と同じ夢を見ているのかどうかはわからないですが、せめて自分の仕事を誇りに思い、周りの人の夢をけなすことなく働いてほしいと思います。

失業している世の中の大勢の方に敬意を払うために、今日の敬業楽業を胸に、誇り高く働きましょう。

# 12 今日の努力は明日の実力

結婚して子どもが生まれて、職場に赤ちゃんを連れて行ったことで、「子連れ論争」

「アグネス論争」が起きました。

「職場は神聖な場所、そこに子どもを連れ込むのは許し難い」「子どもが産まれたら、仕事を辞めるべき」

一方で「働く親の背中には子どもがいることを忘れないでください」「女性がもっと働きやすい職場を」と賛否両論が起きました。

新米ママの私にとって、両方とも一理あると思いました。

ただ、女性が社会進出できるように、もっと家庭に優しい職場が必要だとは強く思いました。

そのときに、出会ったのがスタンフォード大学の教授、マイラーさんでした。

私はカリフォルニア州立大学に招かれて、講義をすることになったのです。

マイラーさんは報道で私の「子連れ」を知り、共通の友人を通して、「ぜひ会いたい」と連絡が来たのです。

スタンフォード大学の教員食堂でマイラーさんと会いました。

「あなたはジェンダー学を学ぶべきです。そうすれば、なぜこのような論争が起きるのか、平等な社会をつくっていくために何が必要なのかが見えてくる」と言われました。

「大学院に戻って、私について博士号をめざしましょう。実力をつけて、これからの女性のためにがんばりなさい。この論争を無駄にしないように」と言われました。さらに「博士号を取れば、あなたの言うことはもっと力をもちます。今日の努力が明日の実力になるのです」と。

びっくりしました。ただのアフタヌーンティーのつもりが、人生を変える大きなクロスロードに立たされたのです。

博士号を取るには莫大な努力が必要です。たくさんの方に迷惑をかけてしまうことも目に見えています。

想像できない未来なので、考えるだけで怖かったです。

「フェミニズム」「ジェンダー」を知ることが実力につながるのかどうか？　もしかして、もっと嫌われるかもしれないとも考えました。

ただし、マイラーさんの「今日の努力は明日の実力」という言葉は説得力がありました。

そのときの自分は力不足でした。知識が足りない、経験も浅い、だから立ち向かっ

スタンフォード大学の博士課程に長男を連れて留学。在学中に次男を出産。
学業と子育てで奮闘しました

ていく力が弱いのでした。

夫の、「とりあえず入学試験を受けてから考えましょう」との助言に従って私は論文を書き、試験を受け、願書を出しました。

運よく受かりました。

しかし、そのとたんに第二児を妊娠したことが判明、「やっぱり行けない」と思いました。

しかし、マイラーさんに説得され、妊娠九ヶ月のとき、間もなく三歳になる長男を連れて、「子連れ留学」を実践しました。

教育学部の博士課程に入学した私は、毎日子育てと学業で必死でした。

一九八九年に入学、二年半で博士課程を修了し、日本に戻って論文を書き始めました。仕事と子育てをしながら論文を書くのは至難のワザでした。歯を食いしばって、がんばりました。

一九九四年に論文が認められ、博士号を取得しました。本当に努力しました。

では、実力はついたか?

教育学と、ジェンダーに関する知識は身についたと思います。

そして、研究する方法も学びました。

でも、何よりも身についたのは「自信」でした。

「がんばれば、できるのだ」という自信。これが「実力」だと感じました。

実力は自分の可能性と底力を知ることだとわかりました。

だから、努力はすごく価値があるのです。他人が自分をどう見るのかはもちろん重要、でも、一番重要なのは、自分が自分をどう見るかです。

スタンフォード大学の博士号は私に大きな励みをくれました。

それからは胸を張って子どもと女性のために活動し、仕事のうえでもより自信がつき、見える未来が大きく変わりました。

今日の努力が何なのかは人によって違うと思います。

でも努力は必ず報われます。

だから、しんどいときには、「これは明日の実力のため」と思って、目の前の困難を乗り越えてください。そのあとに得る実力はあなたの人生をより豊かにします。

# 楽＝楽しいではない

13

日本語で「楽」と「楽しい」は同じ漢字を使います。

でも「楽」と「楽しい」は同じことではないのです。

「楽して毎日が過ごせたら、楽しいだろうな」と高校の友達に言われたことがあります。

「楽って、どんなこと？」と聞きました。

「働かなくても生活ができて、家事も誰かがやってくれて、毎日遊んで暮らす。それが一番楽ですね」と言います。

彼女はその後、専業主婦になって、彼女の言う〝楽な生活〟を過ごすことになりました。

しかし、夫の不倫が発覚。別れるには将来が不安ということで、夫の不倫を黙認して、辛い毎日を過ごしていました。

友人に勧められて、彼女はその友人の会社に就職することになりました。自立することができて、彼女は離婚を決意。子どもを連れて、新しい生活を始めました。

「楽ではないけど、今のほうがとっても楽しい」と彼女は生き生きとしていました。

「アグネスの言う通り、楽と楽しいは同じ文字だけど、楽＝楽しい、ではないですね」と言います。

私はよく息子たちに「幸せになりたいのなら、追求すべき目標は〝楽しい人生〟であり、〝楽な人生〟ではない」と言っています。

「楽」を目標にすると、現在努力していることがすべて苦に感じてしまいます。

「いずれ楽になるから、今は我慢」という考えは、現在を楽しんでいない思想です。

この考え方は、自ら人生のなかの楽しく感じる時間を減らしていることなのです。

毎日「楽しい時間」をターゲットにすると、細かい目標ができます。

たとえば、今日楽しくなるために何をすればいいのか？

「友達に会う」「部屋の整理をする」「喫茶店で本を読む」「母に電話をする」と決めるなど身近な目標ができるのです。

それを一つひとつクリアすることで、楽しさを増やしていくことができます。

結果的に達成感の多い人生になります。

心理学者は「目標ある人生が楽しい人生」だと言います。

それはただ大袈裟な人生の目標だけではなく、小さな目標でも同じ効果があるのです。

人は動くようになっている生物です。静止していると身体も心も病んでしまうのです。

つまり、「楽」に暮らすようにはできていません。

運動したあとに爽快感を感じたり、頭の体操をしたあとには、脳内に幸せホルモンが分泌されたりするわけです。

もちろん大きな人生の目標ができれば余計に意義を感じて、楽しく生きることができます。

しかし、年を重ね、子どもたちが巣立ちをして、仕事から引退したときには人生の大きな目標を失う人が多いです。

そういうときは、新たな目標を立てることが残りの人生を楽しくするコツです。

実は私には密かにやりたいことがあるのです。それは「餃子の食べ歩きをしたい」ということです。

日本のなかだけでなく、世界中の餃子を食べてみたいです。

今は仕事が忙しく、実行できていませんが、それを考えるだけで、楽しくなります。

インターネットで餃子の店の情報を得たり、食べ歩くときの地図を頭の中で描いているのです。他の人にとってはまったく意味のない目標ですが、私にとっては大きな楽しみです。

人見知りの私にとって、知らない店に入るだけで「楽」ではないです。でも、きっと楽しいと思います。

そんな「楽しい」プランを持っていますか？

もし持ってないのなら、ぜひ自分の心の中で探してみてください。きっと何かワクワクするような目標が眠っているはずです。

もし、あなたも餃子を食べ歩きたいなら、一緒に夢を見ましょう！

# 14 謙遜すぎると損になる

「見た目より若いね」「テレビで見るより本人のほうが可愛いね」と時々言われたりします。

そう言われると、恥ずかしくって困ってしまいます。

みなさんは褒められたときにどう対応しますか？

私はよく顔が赤くなって、なんと言えばいいのかわからなくなるのです。

自分が若いとか、可愛いとか思わないし、「ありがとう」と言ってしまうと自分が若いとか可愛いとかを認めているようになるので、偉そうに思われるのかな？　と考えすぎて、褒めてくれたことを素直に受け止められないのです。

だからよく手を振って、「そんなことないよ……」とかわしています。

何年か前に、姉がそんな私を見て、注意しました。

「お礼を言いなさい。相手に失礼ですよ」と言われました。


私は謙遜の気持ちで、褒め言葉が受けられないのか？　それとも相手の誠意を疑っているのか？　自分に自信がないのか？　ただ恥ずかしいのか？

どっちみち、相手の好意にお礼を言わないのは確かに失礼です。相手がせっかく褒めてくれたのに、それを疑ってはいけません。たとえ相手はお世辞で言っていても、こっちは素直に受け止めるのが礼儀です。

そして、せっかくいい気持ちになってほしくて言ってくれたのに、恥ずかしくて、戸惑うのは、相手に迷惑をかけてしまっています。

それから、私は褒められたら、「ありがとうございます。お恥ずかしいです。励みになります」と素直に受け止めるようになりました。

そうしたら、自分も嬉しいし、相手も目的を達成できて、嬉しそうです。姉の言う通りでした。

アジアの文化のなかでは、謙遜は美徳です。

小さいときから「威張ってはいけない」「偉そうにしてはいけない」「思い上がり、自惚れてはいけない」と教えられます。それはまさしく真理です。

君子は謙遜し、決して自分を過剰評価しなかったです。

だからこそ、人から尊敬された、と言われています。そんな教えで育てられました。日本に来て、社長のお宅に住んでいたときに、社長夫人がイギリスから有名なバンド、「クイーン」を日本に連れてきて、コンサートが行われました。その夜は社長宅でパーティーが盛大に催されました。私は英語が話せるので、バンドのメンバーと話をしました。

そこでびっくりしたのは、大物の彼らが自分たちがいかに成功して、有名なのかを説明し始めたことです。

日本の歌手の先輩たちは絶対にそんなことを言いません。自慢する人はまずいなかったです。そのときはカルチャーショックを受けました。

「君は何をしているの？」と聞かれて、「歌手です」と言ったら、「どんな歌？」と次から次へと質問をしてきたのです。

結局、香港でデビューして、トップテン歌手になって、レコードが大ヒットして、歴代の売り上げ結果を塗り替えたことまで話しました。

そこで、初めて相手は頷き、「素晴らしいね」と言ってくれたのです。

「言わないとわからない」「言わないと認めてくれない」「相手はあなたのことを調べる義務はない」といろいろと考えさせられました。

謙遜して黙っていると、私はどこかの高校生かと思われたと思います。

別に認めてほしいと思わなければ話す必要はないと思いますが、でも、相手に自分のことを知ってもらうのは悪くないと思いました。


日本では自分の立場を明確にするために名刺交換をします。

そこから相手の情報をもらいます。どこで働いているのか？　役職についているのか？　住所はどこか？　などなど。それによって、適切な対応をするのが習慣です。

アメリカには名刺交換の習慣はありません。だから、初対面の人たちは「What do you do」と直球で聞いてきます。

そこでいかに自慢げに聞こえないように、自分の経歴や、やっていることを説明できるか、です。

そこで謙遜してしまったら、相手はあなたが何か隠している、あるいは友達になりたくないのだと感じてしまいます。まさしく、「謙遜で損する」場面です。

アメリカの人の自己紹介を聞いていると、会話の技術力の高さを感じます。

自分のいいところをさりげなく伝えるのです。それができるようになるまで、時間がかかりました。練習を重ね、相手によって、同じ内容でも、違う言い方で言わないといけないのです。

自己紹介は一つの「アート」、芸術だと思いました。

人から褒められたときに、よく使われる答えは「Thank you, you are too kind」、「ありがとう、あなたは優しいね」と言うものです。とっても素敵な答えだと思いました。

中国で褒められたら、よく「過獎、不敢當」と言います。

「私を褒めすぎです。受け止める勇気がありません」という意味です。これもとても使いやすい答えで、私もよく使っています。

日本語にもいろいろ感じのいい答え方があります。

たとえば「ありがとう、○○さんから褒めていただいて、本当に嬉しい」

「ありがとございます。大きな励みになりました」

「ありがとうございます。がんばった甲斐がありました」などなど。

「いえいえ、全然ダメです」とか「そんなことないです」のような謙遜では、不十分です。相手の言ったことを否定する言葉はやめましょう。

褒められた嬉しい気持ちを表現し、相手の優しさを受け止めましょう。

# 15 成功の秘訣はいつも準備万端でいること

友達が「成功の秘訣」はあるのかな？　と私に聞いてきました。

成功の定義が人によって違うので、答えにくいと思いましたが、秘訣はたくさんあると思います。この本の中にもヒントがたくさんあると思います。

しかし、どんな成功であろうと、必要不可欠なものがあります。

それは「いつも準備万端」でいることです。

もちろん、チャンスを見逃さないのも大切ですが、チャンスがやってきたときに準備ができてないと、チャンスを逃してしまったり、実力が足りなくて、チャンスをつかむことができなかったりします。

どんな準備をするのかはその人の夢によって違います。

たとえば、俳優なら、いつでも肉体的にベストの状態を保つ、本をたくさん読み、他の方の芝居を研究するなどが必要だと思います。

歌手なら、身体をベストの状態に保つだけでなく、声を大事にするすべてのことを行い、風邪をひかない、病気にならないなども仕事のうちです。発声練習を日頃から心がける、ステージ衣装を常に用意しておくなども最低限必要だと思います。

作家なら世の中のことや人の感情、行動に興味を持ち、本をたくさん読み、引き出しをたくさんつくることが大切です。さらに絶えず文章を書き、文章を書ける体力をつくっておくことが不可欠です。

体操選手は身体づくり、練習やトレーニングが必要だと思います。

投資家は未来を読み取るために、経済の動きだけでなく、世の中の動向、政治家の性格まで、物知りになることが大切です。

会社員はめざすものについて勉強し、声がかかったときに、誰よりもその件について詳しく、会社に貢献できる実力を持つべきです。

自分の成功の定義を決めて、それに沿っていつも準備万端でいることが成功への近道と私は思います。

これは仕事面だけでなく、子育ても同じです。

親になるための学校はありませんが、子育ての知識は世の中にたくさんあります。親になるための準備は自分なりにできます。

知識と備えがあれば、どんなことが起きても、「予測内」と落ち着いて対応ができます。知識と備えがなければ、慌ててしまいます。

準備万端とは「万」という文字が入っているだけに、一つのプランではなく、一つのことをやり遂げるために、予備のプランをいくつか準備することもおすすめです。

長男はお父さん似で、どんなこともプランA、プランB、プランCといくつものシナリオを考えるタイプです。行く場所について調べ、ルートも、着いたときのホテルも、レストランも調べあげ、天気によってなど、いろいろな状況を事前に考えてから出発するのです。

それらは彼の頭の中だけにあることで、スムーズにいけば、誰もその苦労は知らないです。でも、問題が起きたときのために、彼はいつも解決方法を準備しているのです。

それが私たちに大きな安心感を与えてくれます。だから会社の運営も、この心構えで順調に成長しているのだと思います。

私はあわてんぼうのところがあります。ここまでやってこられたのは周りの方々の緻密な計画のおかげです。

でも、私も私なりに、いつも準備万端です。歌手としても、作家としても日頃の準備はできるだけおろそかにならないようにがんばっています。

子育ても、大学、大学院の勉強も、先輩たちのアドバイスを受けて、どんなときでも、慌てないようにやってこられました。

今は、私は老後のことを考えて、できるだけ息子たちに迷惑をかけないように穏やかに楽しい最後の時間を過ごしたいと思っています。

そうすれば、たとえば認知症になっても、周りが慌てないで済むと思っています。

突然最期がやってきても、心の準備ができていれば、周りは戸惑うことはないと思います。

備えあれば憂いなし。

Always be ready。

# 第Ⅳ章 賢明になるための言葉

「自分は弱い、愚か、欠点の持ち主と認めるのが賢明になる第一歩」

# 16 自分が一番正しいと思うのは愚かな思考

たくさんの方と話しているときに、必ず、「自分の意見が一番正しい」と主張する人がいたりします。

時々、その人の言っていることが理にかなっていて、みんなが頷くときもあります。でも、世の中には「絶対」ということがないだけに、一人の意見が常に一番正しいということは不可能です。

なのに、自分の意見を押し通そうとする人は結構、います。

多くの場合は上に立つ人間が、その場で権力を示すために人に意見を言わせないのです。

政治の場にはそれが多く見られます。それによって、愚かな決断を下し、戦争を起こしたり、国内外に害を与えることになります。

歴史上、このような愚かな指導者がたくさんいました。

私たちはそのような人物にはなりたくないと思います。

でも、子どもを持つと、自分は家の中の指導者です。良かろうと思うことをつい、「ママがそう言っているから、それでいいの」と言ってしまうことがあります。

私は子育てのとき、自分が一番正しいと思い込むことに気をつけていました。正しいと思うときには、その理由をちゃんと説明するようにしていました。そして、息子たちの意見に耳を傾け、一緒に考えました。

それは息子たちが自分の意見を持つための訓練と、同時に、私も息子たちから学ぶものがあるという考えです。

たとえば、「火に触ってはいけない」「なぜ?」と聞かれたら、ただ「危ないから」と答えるだけではなく、もっと細かく説明するのです。

「火傷をするから」「火傷というのは傷の中でも治りにくいもの」と説明します。「傷跡が残り、場合によっては、神経が戻らないために、感覚がなくなるよ」と情報を提供します。

それでも納得できないのなら、怪我した人の写真や、物語を見せます。「ママが言うから、絶対に正しいの」ではなく、一緒に答えを探しましょうというスタンスで教育してきました。

実際に今はインターネットで、何でも調べられる時代。先生や親が絶対正しいかどうか、すぐに調べられます。自分が言っている「絶対に正しい」と思ったものが間違ったりしたら、それこそ恥をかきます。愚か者に見えてしまいます。

だから、私は積極的に、息子たちと議論したのです。

息子たちが成人した今もよく集まって議論をします。

経済の問題や、政治の問題、宗教の問題まで、朝まで議論することも度々あります。結局、見解が同じにならない場合も多く、お互いに意見が違うことを納得して、解散したりします。

でも議論するたびに、私は多くのことを学びます。

自分が一番正しいと思い込めば、多くの意見を聞くことができず、人から学ぶチャンスをなくします。結果、どんどん愚かになっていくような気がします。

英語で「Open Minded」という言葉があります。直訳すると、「心を開く」「脳のドアを開く」です。

柔軟な考え方を持つ、という意味です。この直訳を絵で考えると、いつでも心を開いて相手の意見を聞く、いつでも脳のドアを開いたままにして、相手から学ぶ空間を空けておくという、とても素敵な場面です。

年を取ると頑固になって、自分の経験を元に、自分の考えのほうが正しいと思いがちです。

これは危険です。人の意見を聞かないのは、老け込んだ証拠です。

好奇心に溢れ、人から学ぶ謙虚な心を持つことこそ、若さを保つ秘訣です。

いつまでも、若々しくいたいのなら、「私が一番正しい」と思うことをやめましょう。

# 17 誰もが私の師

知識を得るために、私たちは授業を受けたり、学校に通ったり、クラスに参加したりします。

インターネットで情報を探して、そこから学ぶことも多くなりました。

でも私は、誰もが私の師である、と信じています。

どんな方からも、教わるものがある、と思っています。

この信念を持つと、謙虚になります。そして人に敬意を払うようになり、人に対する態度がよくなります。

そして、人の話をよく聞くようになり、人の行動を注意深く見るようになります。

私はマザーテレサのシスターたちとボランティア活動をしていました。

毎週日曜日にサンフランシスコのゴールデンブリッジ公園で、ホームレスのみなさんにコーヒーとドーナッツをサービスする活動です。

ホームレスのみなさんは日頃住民たちから嫌がられ、ファストフード店のトイレも利用できないほどです。

私は今でも友達と一緒に、最初に活動に参加した日のことが忘れられません。

私が想像していた光景は、コーヒーとドーナッツをホームレスのみなさんに渡して、食べてもらうという流れ作業のような感じでした。しかし、現場に行ってみると、シスターたちは列をつくって、ホームレスのみなさんにていねいにサービスをしていました。

「How are you today Sir?」と敬語を使って、列をつくっているみなさんの一人ひとりに声をかけていきます。

「コーヒーはいかがですか?」と聞きます。

「いただきます」と言われると、次のシスターがコーヒーを渡すのです。

「どうぞ」と笑顔で対応します。そしたら、次のシスターが「Sir, would you like some milk and sugar?」とお砂糖の瓶を持って、聞くのです。次のシスターはミルクの瓶を持って待っています。ほしい人のコーヒーに注ぐのです。

そこまで終わると、次はドーナッツです。

「ドーナッツはいかがですか？」とまたていねいに尋ねます。

「どれがお好みですか？」と聞いて、紙に包んで渡すのです。

私はドーナッツを渡す役割です。「来てくれてありがとうございます。いい日曜日を」と言葉をかけます。

和やかなやり取りがあって、とっても美しい光景でした。

まるで、どこかの宴会場のように、ホームレスのみなさんを大事に大事に、感謝の気持ちを持って、おもてなしするのです。

私はとっても感動しました。

私はドーナッツ以外にも、ゆで卵、バナナも用意して、毎週持って行きました。

バナナは人気ですが、ゆで卵は人気がなかったです。

時々、ホームレスのみなさんの話を聞くことができました。

事業が失敗して、倒産して、家族に見放されて、ホームレスになった人がいます。

なかなか就職ができなくなり、公園や道で生活するようになったと言います。

「面接を受けに行くときの服がないです」とも言います。「人と喋るのは久しぶりです」と言う人もいます。

ホームレスを支える団体は、彼らに服を与えたり、人と喋る練習をしたりします。ホームレスになったことが恥ずかしい、と思っている人が多くいました。自尊心が傷つけられ、生きる自信を失った方が多くいました。

「僕たちは人間扱いされないときが多々あります。だから、週一回はここに来て、天使のようなシスターたちに会いに来るのです」と言うのです。

私はシスターたちの行動から学ぶことは多かったですが、ホームレスのみなさんからもたくさん学ぶことがありました。

新聞紙とダンボールは暖かい。石鹸の代わりに使える葉っぱ。公園の中にある食べられる草木や花……などなど。

そして社会の冷たさ、一度、普通の社会の輪から外れると、戻るのに、どんなに大変なのかも知りました。

毎週行くたびに、たくさんの貴重な情報を得て帰ってきました。

これは一つの例ですが、出会いのなかには必ず学ぶものがあります。

私も人と自分の知識をシェアしたいし、人からもいろんな知識を吸収したいです。

世の中のすべての人が私の師です。これを確信していれば、出会うたびに、新鮮な驚きがあり、脳が活性化します。

# 18 助けを求めるのは強さの証拠

人に助けを求めるのは弱さの表れと思う人が多いですが、私はそれは強さの証拠だと思っています。

助けを求めるのは、自分が知らないものがある、自分に力が足りないことを認めることです。

多くの人は自分が知らないものがあっても、強がりで知ったかぶりをするのです。それは無知に見られたくない、本当の自分を見せたら認めてもらえないのでは、と恐れているからです。

つまり、ありのままの自分に自信がないからです。

自信のある人は知らないものがあったら人に聞くことができます。

なぜなら、自分の価値は、どのくらい「物知り」であるかということではなく、どのくらい「ものを学びたい」か、というところにあるからです。

人に聞けるのは自分の価値に自信があるからできることなのです。

自分が力不足なのに、それを隠して物事を進めようとするのは、力不足であることを人に知られたくないからです。

人に力を貸してもらうことを恥ずかしいことと思わず、頼めるのは謙虚さがあり、自分のことをよく知っているからです。

たとえ、力が足りないと思われても、自分のイメージにダメージはつかないと思っているからです。

これも強さの証拠と私は思います。

実際に世の中では、自分の弱さを隠すのに、たくさんのエネルギーが使われています。

ときには嘘につながったり、お互いの時間の無駄になったりするのです。

私は息子たちに「もちろん理想なのは一〇〇%自力本願できることです。だからまずは、自分で最大の努力をしてみます。それでもわからないものや、できないことがあったら、人に助けてもらうことは恥ずかしくないです」と言っています。

自分の不十分なところに気づくのはとってもラッキーなことです。「自覚」ができるのは、学ぶ余地があるという意味です。

新しいことを学んだり、新たな力を身につけるチャンスです。

一番怖いのは「わかっているつもり」「間違っていることに気づかない」ことです。そうなると、学ぶチャンスを逃すし、最終的に成功することは難しいです。周りにも迷惑をかけ、結果的に自分の評判を落とします。

私はこの年になっても、よく質問をしたり、人に助けてもらっています。知らないことがあったときにはインターネットで調べたり、それでもわからなかったら、息子たちや姉に聞きます。

本当に専門的なことは足を使って、経験者や専門家を訪ねて、教えてもらいます。香港の教育システムを研究するために、私は現役の先生や校長先生、保護者、学生、教育大学の学長にまで話を聞きに行きました。

さらに教育庁で働いている方にも話を聞きました。大量の本を読んでも、わからないことが、現場でいっぱいわかるようになりました。

そのお陰で、香港の学生に、学ぶことの楽しさを知ってもらうために、『40の提案』という本を出版しました。保護者と教育界のみなさんに大変好評をいただきました。

本の中のいくつかの提案は、実際に教育政策に取り入れていただきました。

人に助けてもらったら、その度に無駄にせず、自分の進化につながるように、知識を身につけることが大切です。

助けを求めるのは決して弱さの表れではなく、強さの証拠です。

19

# 嘘をつくことには代償がある。正直な心で幸せな人生を

私は「嘘も方便」「建前と本音」が苦手です。

「アグネスはバカ正直すぎる。損するよ」と友達によく言われます。
「アグネスは単純すぎる、人を信じすぎ。騙されるよ」とも言われます。
「お世辞を本気で受け取るのはやめて」と笑われることもしばしば。人の嘘を見抜けないで騙されたことが結構あります。

私は人のいいところしか見えないために、騙されていても気がつかないときが多くあります。きっと裏で笑われていると思います。

それでも私は悔しがることなく、結構、幸せに毎日を過ごせています。

なぜでしょう?

きっと、正直な心の中に、ゴミがあまりないからだと思います。

人を騙したり、嘘をつくと、その嘘を隠すために、次の嘘を考えないといけません。しかも、嘘がバレるといけないから、ビクビクする毎日です。

さらに、自分が嘘をつくので、人も嘘をついているのではないかと常に警戒心を持って人と接するから、疲れてしまいます。

私はすべて信じているので、余計な心配事がなく、幸せに暮らせるのかもしれません。

誰かを騙したとき、嘘をついて自分の間違いを隠したりするとき、きっと心にシコリが残ってしまうのだと思います。

シコリが多いほど、気が重くなると思うのです。

良心に傷が残り、いつの間にか、自分で自分の心をズタズタにしてしまいます。

本当の自分を人に知られるのが怖くなってしまいます。

「本当の私を知られてしまうと、好きになってくれないのでは？」とビクビクが続きます。

そのうちに、一番大事な人とも距離ができ、大勢のなかにいても、孤独感に脅かされてしまいます。

そんな自分を嫌いになってしまう人もいれば、世の中には自分を理解する人がいないと考え始め、生きるのが辛いと思ってしまったりします。

そんな人生が嫌なら、嘘をつくのはやめるべきだと思います。嘘をつくことの代償は大きすぎます。できるだけ正直に生きるほうがむしろ楽です。

私の子育てのなかでは「嘘をつかない」が一つの大きなテーマでした。

「嘘をつく必要がない。なぜなら、ママは君を愛しているから」と教えているのです。間違いは誰にもあります。時々は悪いことをしてしまったかもしれない。怒られないために、失望させたくないために、嫌いになってほしくないなどの理由で、嘘をつくことがあります。

でも、私は息子たちに、「どんなことがあっても、ママは君と一緒になって解決する。ママはありのままの君を愛している。隠す必要はない」と言っています。

この「ありのままの君を受け止める」という無条件の愛は子どもを安心させ、自律心を強くします。

心の駆け込み寺があれば、心を曝け出すことを怖がることがなくなります。

私が小さかったとき、きっと父の存在が大きかったのだと思います。

泣き虫の私、極端な照れ屋の私、お風呂が嫌いな私、人混みが苦手な私、成績が悪い私……。それをすべて受け止めてくれて、大事にしてくれたのです。

その絶対的な受け止め方が、私を正直な人間に育ててくれたと思います。

欠点だらけの自分だけど、世の中には私を大事に思う人がいるという自信がありました。

結婚した夫もそのような人でした。だから、本当にありのままの自分でいられました。

私は息子たちに、父がくれたような無条件の愛をかけているつもりです。

彼らも今はこの欠点だらけのママを無条件で大事にしてくれています。これなら、一生バカ正直な自分で最後までいられると思います。

もちろん、人を傷つけてしまうような正直な感想は控えるべきです。優しい心と正直な心を同時に持つのが理想だと思います。

「人を騙すより、騙されたほうがマシ」とよく聞きます。私も同感です。

でも、賢く人の嘘を見抜くことができるのが一番いいです。

私はその技を、いまだに修業中です。

# 20 お金に支配されない

金銭感覚を子どもに教えることが一番難しい、と若いママさんからよく言われます。

私は「お金に支配されない」人として、息子たちを育てたいと思っていました。

もちろんお金は必要です。でも、お金のために生きるのは虚しすぎます。

むしろ、お金が少なくても、幸せに暮らせる人間になってほしいと思いました。

お金に頼って、楽しさを追求したり、贅沢品を所有することで自分の価値を測ったりすると、お金がいくらあっても足りなくなります。

「この時計が欲しい」「このバッグが欲しい」と始まると、キリがないのです。

私の友達のなかにも、ブランド品のバッグと時計を買うのが趣味の人がいます。

「バッグと時計のコレクションが私の宝物です」と言います。

新作が出ると、すぐに買いたくなるようです。時々見せてくれますが、バッグと時計に詳しくない私は、その価値がわかりません。

専業主婦の彼女は「夫の稼ぎが足りない、もっと金持ちと結婚したかった」と冗談を言っています。「金持ちと結婚した同級生が羨ましい」とも言います。

娘も高校を卒業して、お母さんと同様、ブランド品に興味があり、いつもお金が足りないと言っています。

贅沢品を買わなければ、十分楽に暮らせるはずなのに、いつも「金欠」と悩んでいます。

そうなると、常に物足りないと思い、永遠に貧困感を持ってしまいます。

車が好きな友達もいます。「僕はまた新車を買ったよ」と言われるときがあります。実家が金持ちなので、車は何台も持っています。

仕事をあまりしない彼は、車やヨットを乗り回して、時間をつぶしています。

時々車に乗せてもらいますが、車に詳しくない私たちには、その価値がわからないです。

お金を使うことは上手ですが、自分で働いてお金を稼ぐのは苦手のようです。

彼の周りは奢ってもらいたい友達がいっぱいです。

「心を許せる本当の親友ができない」とたまに私たちに言います。

お金では本当の友情が買えず、孤独感に襲われる人生になっています。

骨董品をいっぱい持っている友達は、倉庫を何個も借りて貯めていました。人に見せることもなく、鑑定に出すこともなかったです。

この前に急に亡くなり、妻が骨董品を整理して鑑定士に見せたら、多くは偽物でした。

「高いお金を支払って、一体何のためだったのか？　二人で一度も旅行にも行かなかったし、骨董品はただの瓦礫です」と処分に困っている妻がつぶやいていました。

大切な人に思い出不足な人生を与えてしまいました。

「お金で買える楽しみは、お金さえあれば、誰もが買えます。お金で買えないもののほうが大切です」と私は息子たちにいつも言っていました。

友情、信頼、家族、絆、思い出こそ、かけがえのないものです。これらはお金では買えない、それを手に入れるために、努力することでこそ、充実した人生が送れる、と言いました。

ものを欲しがらない子どもに育てるために、お金がかからない遊びをいっぱいしました。

折り紙、水風船、追いかけっこ、隠れん坊……。図書館で本を読んだり、科学館で遊んだり、美術館で絵を見たり、近所の釣り堀で釣りをしたり……。本当に楽しかったです。

ものも買わない主義です。プレゼントがもらえるのは年に二回。誕生日とクリスマスだけです。

「本当に欲しいものを考えて、リクエストを出してね」と息子たちに言っていました。

そのうちに「何もいらない」という返事が返ってくるようになったのです。

それは今も同じで、「欲しいものはない」と言います。

ブランド品はもちろん、余計なものを買わない息子たちの姿を見て、物欲のない彼らは素敵と思います。

しかし、そうとはいえ、生活していくうえで、お金は必要です。

自分の技術と時間を使って、働いて、その代償にお金を貰うのが現代社会の仕組みです。

私は彼らに、お金の使い方として、まずは「いい環境で生活すること」。つまり気持ちのいい「住むところ」を確保することだ、と伝えました。

そして、自分の、あるいは自分の子どもの教育にはお金をかけましょう、と。

さらに、健康を維持するために、健康的な食事にお金は使うべきだと。

もしお金に余裕があったら、思い出づくりにお金を使いましょう、と言っています。

お金に支配されない人生なら、人を羨ましがることもなく、自由に生きられると思います。

本当に大切なものに目を向けることもできます。

今の私にとっては、大切な人たちと共に過ごす時間が、何よりも欲しいものです。

香港、日本とアメリカを行ったり来たりして、母、兄弟、自分の家族と会うために、頻繁に移動しています。

残りの人生のなかで、毎日を惜しむように、みんなと時間を共有したいのです。

いつ、誰が天に召されるか、わからない年代になって、時間が一番貴重なものと痛感しています。

豊かな人生を送るためには、むしろお金に支配されないことが一つのコツですね。

21

# 過ちを認め、謝ることができる人こそ、立派な人間である

人間はみんな自分を正当化したい気持ちを持っています。

自分が間違っていることを認めるのは自分を否定することになるので、プライドが高い人ほど、自分の過ちを認めたくないのです。

認めたくないから、言い訳をしたり、人のせいにしたり、自分は悪くないと自分や人に言い聞かせる。

しかし、実は自分の間違いを素直に認める人こそ、立派な人間なのです。間違えることは人間なら、誰にでもあり得ることです。

だけど、自分の落ち度を認めたら、立ち直れないと思う人がいるのです。

実は非を認めないと、それが荷物となって重く背中にのしかかり、その人の人生のなかに影を落とすことになります。

反省することができる人こそ、次のステップを踏むことができて、より自分を高めていけるのです。

息子たちには「自分が悪かったら、早めに謝る、そして反省するのが一番いい」と教えているのです。

時間が経てば経つほど、悪くなった関係や事態が腐り始め、いい結果にはつながらないと教えているのです。

「時間が解決してくれるから」「時間が経てば相手も忘れるだろう」「向こうの怒りがおさまるのを待ってからにしましょう」と言う人がいます。

私はそれを勧めません。たとえ怒られても、早めに謝って、早く解決を求めるのが最善なやり方です。

たとえ相手がそのとき、許してくれなくても、誠意を持って謝ったことはそのうちに伝わると思います。

そうでないと、こじれた関係はなかなか元には戻れなくなるのです。

一度長男と喧嘩に近い状況になったことがあります。

それは彼が合格したスタンフォード大学の開学式の日でした。

開学式が終わって、寮に入ったときの話です。

その日の私は、次の日の朝にＬＡ（ロスアンゼルス）で会議があるために、息子を寮に入れたら、車でＬＡに向かう予定でした。

長男と別れるときに、彼が「ママ、僕が高校に行っていたときに、学校の行事に参加しませんでしたよね。今、昇平が高校に入学したので、彼の行事には参加してあげてね」と言ったのです。

それを聞いて、まるで青天の霹靂のような衝撃を受けました。

確かに行事があるたびに行こうとすると、長男は「いいよ、来なくったって。弟の面倒もあるし」と言っていたのです。

それを信じて行かなかったのです。でも、長男のその言葉を聞けば、本当はお母さんに来てほしかったのでしょう。

寂しかっただろう……ひとりぼっちで悲しかっただろう……そう思うと、涙が出てきました。

でも、自分を正当化したい本能が出て、「だって、お兄ちゃんが来なくていいって言ったじゃないの？」と言ったのです。

長男は首を横に振って、「もういいよ、いいよ」と寮の中に戻っていったのです。涙が止まらなかったです。本当に長男に悪かった。でも、もう取り返しのつかない過ちでした。

確かに学校は遠い。カリフォルニア州にある全寮制の高校でした。

長男は三年間の間に、舞台劇で主役をやったこともありました。賞ももらいました。それでも、私は日本から行かなかったのです。

ひどい親でした。

罪悪感をマックスに感じて、車に乗り、ＬＡに向かいました。

雨が強く降っていた日でした。雷も鳴っていました。

途中まで車を走らせてから、私は決意しました。

「過ちを認めて、長男に謝ろう！」と。私はＵターンして、もう一度スタンフォード大学に向かいました。

着いたときは夜遅く、私は寮の外から長男に電話をしました。

長男は私の声を聞いて、「もうＬＡに着いたの？　早いね」と言ったのです。

「いいえ、君に謝りたくって、寮の前にいるの」と言いました。長男は新入生のパーティーに行っていましたが、すぐに戻ってきました。

彼の姿を見て、「ごめん。寂しい思いをさせて、本当にごめん」と長男に謝りました。

彼は私をハグして、「大丈夫よ、ママ。問題ないよ」と言ってくれました。

二人とも泣きました。

寮のカフェに入って、ゆっくり話しました。

そのとき、心の中の重しが消えて、我が子が愛しくて仕方がなかったです。

「ママには負けるね。怒れないね」と長男は冗談で言いました。

親子関係は元に戻っただけでなく、絆がより強くなったと思いました。

自分が本当に悪いと思ったときは、落ち度を認めて、勇気を出して謝りましょう。間違いを認めたくないのは、自分の過ちを受け入れられないからです。自分を許せないために、正当化に必死になるのです。

でも、素直に自分は完璧な人間でないことに納得して、落ち度を認め、次に向かうことが大切です。

いい結果につながるのかどうかは別として、相手に謝ってみれば、きっと自分の気持ちが楽になるはずです。

間違いは誰にでもあります。それをプラスにするのか、マイナスにするのかは自分次第です。

# 自分のために人を許す

# 22

人を許すことは簡単なことではないです。

「寛大な心を持ってください、と言いますが、どうしても許せないことがあります」と同僚が言いました。

人を許す気持ちになるまでは、段階があると思います。

まずは、相手が「非」を認めるかどうかです。

相手が、自分が「悪かった」と認めれば、許すことはむしろ大人の対応だと思います。

もっといいのは、相手が「非」を認めて、さらに「謝って」くることです。

この場合は、許して、仲直りするべきだと思います。

でも、もし相手が非を認めない、謝ってくれないときに、素直に相手を許すのは大変難しいです。

怒りが爆発する人もいれば、心の中で傷を抱えたまま辛い思いをする人もいます。

仕返しを考えたり、報復する行動に出る人もいます。

「負の連鎖」が続き、傷が深くなる事態になっていきます。

私は平和主義者なので、和解、仲直りをよく人に勧めします。

お人良しだから仲介をするのではないのです。みんなが負の連鎖から解放され、幸せになってほしいから仲介をするのです。

私が思うには、人を許すのは「自分のため」なのです。相手のためではなく、自分が楽になるためです。

人を許すことは、その人がやったことを肯定するのではなく、されたことを忘れることでもないのです。

その人と再び仲良くなる必要もありません。あくまでも、その人に対する憎しみをなくすことです。

人を憎むのには、エネルギーをたくさん使います。それは無駄なエネルギーの使い方です。

「仕返しをして、彼にも苦しい思いをしてほしい」、と夫の不倫で離婚した友達は言います。

「報復を実行して、彼がダメになって、それを見て楽しむような人になりたいですか？」と聞くと、

「私はそんなひどい人ではない、ひどいのは彼です」と彼女は言います。

「彼のようなひどい人になりたくないなら、彼を許して、忘れて、次のステップにいきましょうよ」とアドバイスしました。

なかなかその気にならなかった彼女は、元夫の評判を落とすようなことをSNSに書いて、拡散しました。

それで彼女の心の傷が治ったか？　と思ったら、実はもっと落ち込みました。

「なぜスカッとしないのだろう？」と彼女は嘆きます。

「それはあなたがいい人だからです。人に害を与えて、喜べる人ではないからです」と私が説明しました。

一時的な怒りで攻撃的な行動に出て、その後、悔やむのなら、最初から広い心で、相手を許したほうがずっと楽です。

人を許したあとに、「自分は偉い！」と思えて、自分を見直したり、もっと好きになれるのです。

そのときに前向きなエネルギーが心に湧き、次の道に進むことができるのです。

そうすると「負の連鎖」に巻き込まれることはなく、もっと強い自分が生まれてくるのです。

言うのは簡単ですが、実行するのは難しい。
でも、実行すると、必ずいい気持ちになれる、と保証します。
人を許すのは自分のため、と納得できると思います。

# 第V章 強くなるための言葉

「挫けない心は幸運を呼ぶ」

# 23 ひとりぼっちになっても、孤独になってはいけない

人なつっこい人は、常に周りに誰かがいることを求めます。

でも人見知りな人にとっては、一人でいることが一番楽だと言います。

一人で生活することを選ぶ人もいます。

生涯結婚しない、子どもも欲しくない、積極的に友達もつくらない、親戚とは最低限しかつき合わない。

飲みに行くのも一人、映画を観るのも一人、ご飯も一人で食べる。

「これが俺にとって、一番楽です」という人は周りにも結構います。

結婚して子どもを産んで、子育てを終えて、仕事から引退した友達のなかに、離婚を選んで、一人で生活している人もいます。

その反面、大家族のなかで生活をしていたけれど、祖父母が他界し、パートナー

とも別れ、子どもは巣立って、一人ぼっちに残された友達もいます。あるいは仕事や実家のことで忙しく、婚期を逃してしまい、生涯独身となってしまった友達もいます。

選んで一人ぼっちでいる人もいれば、やむを得ず一人でいる人もいます。

イギリスでは孤独対策庁をつくるほど、孤独は社会的に大きな問題です。

特にお年寄りの孤独が深刻です。一人暮らしの年配の方の間では、鬱、病気、認知症、介護、孤独死の問題が起きています。

特に、核家族が基本の社会では、子どもに頼る習慣がなく、社会が老人の面倒を見ることになります。

老人ホームに入る人もいれば、地域に馴染んでいて、自分の家で老後を過ごしたい人も多いです。

年を重ねた多くの方が幸せと尊厳のある残りの人生を送るためには、一人ぼっちにしないことが対策の一つのようです。

北欧では、身体がまだ元気なシニアがそうでないシニアの「フレンド」になって、お茶に誘ったり、買い物をしてあげたりというようなボランティアをやっている方がいます。

中国では若いときにお年寄りのためのボランティアをすると、それがポイントとなり、自分が年を重ねたら、同じサービスが無料で受けられる制度があります。


自分で選択して一人でいるのか、状況によって一人になってしまったのか、どっちにしても、ここで強調したいのは、一人ぼっちになっても、孤独にならないことが大切だということです。

「一人ぼっち」と「孤独」は違うのです。

英語では「alone」と「lonely」の違いです。

一人ぼっちは「現状」。孤独は「感覚」です。

大勢の人に囲まれても、孤独を感じる人はいるのです。

一人ぼっちでいても、心豊かに暮らせる人はいるのです。

まずは自分はどっちなのかを考えることが必要です。

私は人見知りなほうですが、寂しがりやでもあります。大勢のなかにいるのは苦手ですが、好きな人と一緒にいるのは一番楽です。多くの友達はいませんが、家族や仕事の仲間と一緒にいると安心します。楽しいことがあるとき、好きな人たちと一緒にいると、嬉しさが倍になるのです。悲しいことがあるときに話を聞いてくれる人がいると、辛さが半分になるのです。一人でいるのは苦手ではないですが、人生を分かち合う人がいないと、まるで世界が縮むような気がするのです。

つまり私は「孤独」に弱いのだと思います。

私のような孤独になりたくない人がもし一人ぼっちになったとき、孤独にならない方法はいっぱいあります。

その鍵は「つながり」です。そばに人がいなくても、つながりはつくれます。今はスマートフォンのラインなどのアプリで仲間と瞬時に連絡が取れます。好きな友達や趣味が同じ仲間をつくることが大切です。

さらに家族との連絡もそれでできます。アプリの中では無料で電話ができたり、テレビ電話をすることもできます。

それで定期的に話をするのがいいと思います。

私の息子たちは今まであまり頻繁に電話をしてくれませんでした。

でも電話をくれると、一時間以上話したりしてくれます。それでも良かったけど、もっと定期的に声が聞きたいと思いました。

「電話の回数が少ないね」と文句を言ったら、三男が「ママが要求しないから、みんな電話しないんだよ」と言うのです。

それを聞いて、私は「じゃ、長男は月曜日、次男は水曜日、三男は金曜日、ママに電話をするように」と提案しました。

「いいよ」と返事が来て、本当に提案通りに電話が来るようになりました。

これはとっても素敵なことです。楽しみができたし、声を聞くとテンションが上がり、元気になります。

彼らの状況もよくわかるようになって、安心します。

相談に乗ってあげたり、相談に乗ってもらったり、親子の関係がさらによくなったような気がしました。

これでわかったのは、「連絡方法の決まりをつくる」ことの大切さです。

これが大正解だったので、姉とも決まりをつくりました。

姉は毎日電話をくれます。それは彼女が車に乗ったら私に電話するという決まりにしたからです。

私も車に乗ったら、姉に電話します。そうすると、長い時間は話せないけれど、毎日お互いの様子や母の様子がわかるようになったのです。

この決まりもすごくよくて、小さな出来事も忘れる前にお互いに分かち合うことができて、遠く離れて住んでいるという感覚がなくなりました。

友達は近所の店の方と仲良くなって、挨拶したり、毎日顔を合わすようにしているようです。

別の友達は生協の宅配弁当サービスを利用していて、毎日食べ物を運んでくる人がいるだけで安心すると言います。

誰かの存在を気にする、そして自分の存在を誰かに気にかけてもらうことが孤独にならない方法です。

「私はこうしているのよ」「あなたはどうしている？」がつながりの基本かもしれません。

もちろん贅沢を言えば、何か地域の活動に参加したり、ボランティア活動で貢献したり、趣味の習い事をしたりして、つながりをつくっていくこともできます。

一人ぼっちになってしまうのは仕方がないとしても、孤独にならないことは選択することができます。

孤独を減らすために、もし周りに寂しそうにしている人がいたら、声をかけてあげましょうね。

孤独な人がいない世の中にしたいですね。

# 24 勝ち負けにこだわらない

大学で異文化コミュニケーションを教えていたときに、友好的な交流をするコツの一つは「勝ち負けにこだわらない」ことです、と学生に言っていました。

実際に円滑な人間関係を築くためには、勝ち負けにこだわったらうまくいかない場合が多いのです。

世界中には争いのなかで生活している人が大勢います。戦時下の国で暮らす人々の苦しみは計り知れません。

一九九八年に訪ねた南スーダンで戦争の現実を話してくれたおばあちゃんのことが忘れられません。

南スーダンは五十数年間、断続的に戦争に見舞われていました。おばあちゃんと出会ったのは、アチョンチョンという難民キャンプでした。

おばあちゃんは目が不自由ですが、孫を五、六人連れて逃げて来たと言います。娘や息子たちが相次いで亡くなり、孫を引き取って育てていました。

周りの女性たちの髪を編むことで食べ物をもらっていると言います。

「長い戦争、大変でしたね」と私が言うと、
おばあちゃんは、「平和を知らない子どもたちがいっぱいいます」と言いました。

「平和なときには仕事がありました。今は仕事がない。平和なときには仕事があっ

南スーダンの女性たちと出会って、平和の大切さを実感しました

て、収入がありました。今は収入がない。平和なときは収入があったから、そのお金で物が買えました。今はお金があっても物が買えない。平和のときは子どもが生まれたら、大きくなってくれました。今は子どもを産んでも、次から次へと死んでしまいます」と淡々と話してくれました。

平和ボケしている私たちにとって、目から鱗の話でした。

南スーダンはその後、独立しましたが、内戦が続いています。

「戦争することしか知らないリーダーたちには、勝ち負けだけが生き甲斐です」

と地元の人々は嘆きます。

同じく内戦に苦しんでいるのが中央アフリカ共和国です。北のほうに住むイスラム教の国民と南に住むキリスト教国民が資源の奪い合いで戦っています。

違いを認め合って、共栄共存していたはずの民族が干ばつなどの自然災害で険悪になり、お互いの違いを理由に争いが激しくなりました。

北のイスラム武装勢力は南下して、宗教の違う村に入っては略奪し、若い娘や少年を拉致しているのです。

その残酷なやり方が憎しみを生み、仕返しとして、キリスト教の武装集団はイスラム系の村を焼き払って、皆殺しにするのです。

私が訪ねたとき拉致されて救助された娘さんたちの話を聞きましたが、涙なしでは聞けませんでした。

毎日レイプされ、兵士の世話をして、虐待されたと言います。

「戦利品とみなされていたのです」と言います。抱きしめて、いっぱい泣きました。

焼け野原になった村も見ました。あどけない子どもたちがそこで兵士の真似をして遊んでいました。

「勝つまで戦う」と両方が話している間は、戦争の終わりは見えないです。

人間は一度憎しみを覚えてしまうと、なかなか仲直りはできません。その間にもたくさんの人々が犠牲になります。

現代の戦争には勝者はいないと私は思います。

でも、現在進行中の戦争はみんな「勝ち」にこだわっています。

勝ち負け以外に考えられない限り、悲しみは止まらないと思います。

ウクライナ、イエメン、ブルキナファソ……。勝者のいない戦いが続いています。

そしていつも犠牲になるのは弱者、子どもと女性です。

選んでもいないのに、戦争に巻き込まれて、訳もなく苦しい生活を強いられているのです。

いつになったら、人間は勝ち負けより、平和に暮らすことを選ぶのでしょう？

私たちの力でどこまで平和が維持できるのでしょう？

これは人間の永遠の課題でしょうか？

内戦で家を失った中央アフリカ共和国の人々が避難民キャンプで厳しい生活を強いられていました

# 25 変化を歓迎する。変わっていく世の中を受け入れる

これから生き残っていくために、一番大事な考え方、それは「変化を歓迎する心構え」だと思います。

年を重ねていくと、慣れた物事のやり方が気持ちよくて、新しいものには抵抗を感じてしまいます。

しかし、今、人類は大きな転換期に直面しています。日に日に新しい技術が私たちの生活に入り込み、想像を絶するほどの速さで世の中は変わっていっているのです。

知識は指先を動かすだけでいくらでも入ってきます。エンタメだって、何時でもどこでも、望めばすぐにエンジョイできます。友達との連絡だって、アプリを使って、いくらでも話ができます。いつでも、どこからでも買い物ができます。食べた

いものがあれば、いつでも手に入れる方法があります。

便利な世の中になった、と本当に思います。

「ついていけない」と同年代の友達は言います。

でもこの考え方は改めないといけないと思います。楽しく生き残るために、最低限のデジタル知識は絶対に必要です。

この変化を「イヤだ」と思ってはいけません。むしろ少しずつ慣れていく自分を褒めて、毎日ワクワク、次の発明を期待するほうがいいと思います。

ＡＩ時代に生き残るには変化を受け入れる、変化を想像する、変化をつくっていくことが大事だと思います。

この新しい時代のなかで、自分の役割はどこにあるのか？　そこで貢献できることはなんなのか？　それを頭の隅っこに置いて、いつも考えます。そうすると、いつかはきっとひらめきが出てきて、それによって、誰かのためになるいい発見が出てくるに違いないです。

そう信じて、息子たちによく言っていました。

私のひらめきはまだ出てきませんが、三男はすでにいくつか発明をして、特許を申請しているものがあります。

彼はＡＩが専門で、人工知能を使って、新しい味のつくり方を生み出したのです。本人はそんなすごいことをやっているとは思っていないようですが、実際に味をつくり出す企業にとっては、大変驚異的なやり方だそうです。

彼のいいところはそれにこだわらず、いつも新しいことを考えているところです。そんな彼の生き方が次の時代に生き残っていく若者の特徴かなと思いました。

ただし、ＡＩは人間から情報を得て、それで限界を決めたり行動を起こしたりするので、人間はＡＩが真似できないものを持ち続けないといけないと思います。

それは人間らしさです。機械に影響されて、機械のような正確さ、効率の良さを追求するのではなく、ひらめき、感情、感動、感謝、苦しみ、辛さ、間違い……などなど、人間が持っている「らしさ」を大事にすることが肝心です。

ＡＩやデジタルの研究に権威があるスタンフォード大学の学長が二年前から力を入れているのが人文学科です。

デジタルをリードするのは人類、人文を熟知している科学者こそが、未来をつくり出せると思っているのです。

学部間の共同研究にも力を入れて、人間性と新しい技術のコラボによって、よりよい未来をつくり出すことが目標です。

このやり方は私も大賛成です。人間の代わりになるのがＡＩではなく、人間を助けるのがＡＩです。

助けてもらって、その分、余裕が生まれたら、さらに次の発明や技術、作品や芸術が生まれてくるはずです。

暇をつくってくれるＡＩを歓迎すべきで、暇があるからこそ、文化文明が進化するのです。

昔もそう、今もそう、これからもそう、です。

だから、変化を大いに抱きしめましょう！

# 26 好んで失敗をする

子育てのなかで、私はいつも好んで息子たちに失敗をしそうなチャレンジをさせました。

失敗を恐れないように育てたかったからです。

もちろんやり始めるときは成功することを想像させて、努力するように励まします。

でも、失敗したときに学ぶものが多いとも教えます。

だから好んで失敗しそうなチャレンジをしましょう、と教えるのです。

失敗するたびに強くなれるように、子どもの心を鍛えたいのです。強い心は芯がしっかりしているけど、柳のようにしなやかで、強い風に耐えられるものです。

私は息子たちに折れない心を持ってほしいのです。

「失敗を人生の燃料にするのよ。無駄な失敗はないから」と、息子たちにいつも言っています。

多くの親は、子どもたちが失敗しないように、あの手この手でかばってしまいます。ときにはプランニングをしてあげて、手を引いて人生を歩かせます。

そんな順風満帆の人生を送ってしまうと、ちょっとした挫折で心が壊れてしまう可能性があります。

だから、うまくいかないかもしれないときのシナリオも考えて、物事に取り組んでほしいのです。

すべてがうまくいくときのほうが少ない。できたときは大感謝しないといけません。

失敗するのは当たり前で、そこからどう立ち上がっていくのかが成功者の証拠だと教えています。

英語では悪いことが起きたときにも「Silver Lining」を探そう、という言葉があります。

それは悪いことに隠された宝を探す、という意味です。

ことわざで言えば、「塞翁《さいおう》が馬」の考え方と似ています。何かを失ったと思うときでも、もしかするとそのあとでは、実は助かっていたのだとわかるときもあります。

私は、失敗しない人生はつまらないと思うし、失敗するからこそ、成功するときの感動が大きいと思っているのです。

失敗するのが怖いのではなく、一番残念なのは失敗を恐れて、何もしないことです。


引きこもりの子どもを持っているお母さんと話したことがありました。

最初は学校でいじめに遭って、不登校になったのです。親も先生も説得に臨みましたが、子どもは学校に行くことを拒否し続けました。

親は子どもを困らせたくなくて、そのまま家にいることを許しました。

そのうちに子どもは部屋から出られなくなり、引きこもりになったといいます。

そのとき、私は「なぜ転校することを考えませんでしたか？」と聞きました。

お母さんは「そこまでは考えませんでした」と言われました。

「子どもにこれ以上のストレスを与えたくないし、他の学校に行っても、同じ失敗を繰り返すのでは」と言うのです。

「やってみないとわからないよ。やってみよう」と勧めました。

その後も親はなかなか行動をとらなかったです。自分の子どもが引きこもりであることが恥ずかしいようです。

「子育てを失敗しました……」と自分たちを責め続けました。

結局、子どもは大人になっても引きこもりを続けています。

親は高齢になって、自分たちが死んだら、子どもはどうなるのかが一番不安だそうです。

今になって、「あのとき、別の学校を探して、転校させていたら、どうなっていたのかな？」と後悔しているようです。

いつか後悔するのなら、失敗を恐れずに行動をとるべき、と私は思います。

人生は一度、悔いのないように運びたいものです。

問題があったときには、とにかく動いてみることが何よりも大切です。失敗を恐れて、後回しにすると、取り返しのつかない結果になる場合もありえるのです。

# 27 人がやってないことは自分でやる。人がやったことはよりよくする

スタンフォード大学の博士課程に応募するときに大学のホームページで見た言葉が脳に焼き付きました。

「人がやってないことはあなたがやる。人がやったことは、あなたはもっとよくする」

この精神を持つ学生が欲しい、と書いてありました。

そのとき、私は自問自答しました。

「私は人がやってないことをやれるのか?」「私は人がやったことをもっとよくできるのか?」と。

恩師は「君ならできる」と励ましてくれました。そのつもりで願書を書きました。

日米の教育比較論はあまり多くやられていません。両方の言葉が理解でき、両方

の文化を知る私は、日米の比較文化を研究できると書きました。

それで、私は教育学部の博士課程に合格できたのです。

ときが経って、私の息子たちがスタンフォード大学に応募することになって、論文を書くときに、私は彼らに同じ問いかけをしました。

「人がやってないこと、君は何ができる？　人がやったことなら、君はどのようにさらに良くできる？」

それを願書に書きなさい、と言いました。

三人ともスタンフォード大学に合格しました。

もちろん合格できたのはそれだけが要因ではないと思いますが、その挑戦する気持ちと自分を信じる心はとっても素敵な考え方と思いました。

実際に彼らは仕事を始めてから、人がやってないことをやっています。

三人ともシリコンバレーでＩＴの仕事をしていますが、長男は不動産関係、次男は音響関係、三男は食品関係です。

それぞれ、まったく新しい形の仕事のやり方や、製品をつくり出しました。

スタンフォードで学んだ精神は無駄ではなかったです。

私は自分なりに、児童買春・児童ポルノ禁止法成立のために、仲間と長年活動をしました。

乳がんの検診率の向上のためにも、仲間と必死で活動をしました。

それぞれ成果があったことを、仲間と喜んでいます。

小さいことであろうと、大きいことであろうと、がんばった分、絶対に自分の人生の糧になります。

最初は難しくても、あきらめなければ道は必ず開くと信じましょう。

「前人未到」のことができたときに、大きな達成感が味わえると思います。これができるように、まずは自分の利点、得意なところを知ることが大切です。

自分にとって奮闘する価値のあるものは何なのかも考える必要があります。大事な目標があれば、情熱が違います。

たとえば、次男は自分の専門で人を助けたいと思っていました。彼の専門は音楽とエンジニアリングです。そこで彼が最初に関わった仕事はまったく新しい補聴器でした。

三男はＡＩが専門です。彼は環境問題に関心を持っていました。彼が就職したところはプラントベース食品会社でした。自分と同じ理念を持つ会社だからこそ、彼はそこで研究を始め、成果を上げたのです。

長男は投資会社に就職して、途中で辞めて独立しました。不動産のＩＴ会社で、ワークアンドファミリーのバランスが取れたリモートワークがベースの会社をつくりたかった彼は、一〇〇％のリモートワークの会社を上手くつくり上げました。

私は子どもの人権を守るために、ユニセフの大使になって活動を続けてきました。自分が乳がんのサバイバーになって、検診の大切さを痛感し、日本対がん協会の「ほほえみ大使」に就任しました。本当に本気で取り組む姿勢は人を動かし、仲間ができ、みんなで同じ目標に向かって、成果を上げることができたのです。

でも、すべての始まりは情熱と信念です。

「人がやってないことは自分でやる。人がやったことはよりよくする」これは良い原動力をつくり出す言葉だと思います。

# 28

# 運の良い人生を選ぶ、一つひとつの選択を大事にすることで運を呼ぶ

「あの人は運がいいいね」「あの人はついていないね」

とよく会話のなかで聞こえてきます。

本当に運は天がくれるものなのか？　不運は天のいたずら？

私は、運は自分で選べると思っています。

意識して、「運のいい人」になれると信じているのです。

母はカトリック信者ですが、中国の風水も信じていました。

小さいときから、家に風水の先生が出入りしていました。大事な行事や、縁談、引越しなどのときには必ず風水の先生の意見を聞くのでした。

私の大好きな風水の先生が一人いました。彼女の話が面白いからです。

彼女の話から私は、運は自分で選べる、と思うようになったのです。

彼女曰く、人間の運の分量はみんなほぼ同じだそうです。でも生まれたときと場所によって、運の流れが違うと言います。

つまり、一人ひとりに、運の波があるのです。

運が良く見える人はその波に乗るのが上手です。

山登りにたとえると、運気のいいときは走って、登っていく。運気の悪いときは足踏みをして、現状維持。そして、また運気がいいときに登っていく。

そうすると、結果として、どんどん上に行けるので、運がいいと思われるそうです。

逆に運が悪く見える人は、せっかくいい運気が来ているのに、がんばって登らず、チャンスを逃す。悪い運気のときを見分けることができず、走り出してしまって、下に下りていってしまう。気づいたらどん底にいることになる。

もしこの理屈を信じるのなら、運気を見分けられる能力が大切です。

いつ行動するのか、いつ静止するのかによって、人生は大きく変わるのです。

風水の先生はもちろん、「風水が良ければ、運も良くなる」と言います。

そうなるとちょっと信じがたいですが、どの方向に向いてお風呂に入ると運が良くなるとか、家のどこに何かを置けば運が良くなるとか……。

母の気持ちを汲んで、私も従ってやっていることはありますが、でも、実際にはそこまでは信じていないのが本当です。

でも、運気を見分けるために、自分の脳を鍛え、社会や周りの空気を読めるようになりたいと思いました。いつ、どんな行動を起こすのかを見分けられたら、運のいい人生が送れると思うようになったのです。

そのために、世界情勢、周りの人の人格や考え方を理解しないといけないのです。物事と人に興味を持ち、思いやりの心で接することで運が呼び寄せられると思います。

投資が上手な人は、小さいときから経済学を学んだからではなく、世界の動きを先読みできて、誰よりも一歩先に手を打てるからです。

人間関係が上手くいっている人は、人を見る目があって、自分にあう仲間を集められるからです。そうすると、助けてくれる人、支えになれる人が周りにいて、安心して生活ができるのです。

私は、自分はもちろん、息子たちにも「運のいい人」になってほしいので、小さ

スタンフォードで学んだ挑戦する精神は、息子たちの今を支えています

いときから、賢い選択できるように、いろんな訓練をしてきました。

物事に対する好奇心を高め、学ぶことの楽しさを覚えさせ、そして選択するチャンスをいっぱい与えました。

選択したあとの結果が良くっても、悪くっても責任を持たせました。

今のところ、みんな彼らは人から「ついてるね」と言われます。

「三人ともスタンフォード大学に合格できて、本当にラッキーね」と言われます。

実際は本人たちがすごくがんばった結果です。そして、楽しく勉強ができたからです。

なぜ楽しく勉強ができたかは、小さいときからの積み重ねです。運ではないです。選んだ道なのです。

今日の選択は明日に影響する、明日の選択は次の日に影響する。

人生は選択の「大集成」です。賢い選択をした人が「運のいい人」になるのです。

選択の達人になれれば、「いい運」を呼び寄せることができるのです。

# 第VI章
# 美しく、元気になるための言葉

「次の瞬間を楽しみにしている人は美しい」

29

# 好奇心をなくさないのが若さの秘密

もうすぐ七十歳になる私は、「アグネスは若く見えるね」と言われたり、「若さの秘訣は何?」と聞かれたりします。

「何も特別なことはしてない」と答えると、「絶対に何かやっているでしょう」と言われます。

毎日の洗顔、クリームをつけるくらい? たまには顔のエクササイズもします。あとは薬膳料理を中心とした食事をすることですね。

お風呂好き、散歩大好き、笑顔大好き、寝ることが大好き。それが見た目の若さにつながっているのかな?

「そのくらいは誰でもやっているよ、あと、何か秘密があるでしょう」って。

よく考えてみると、もう一つ心がけていることがあります。

それは「好奇心をなくさない」ことです。

何事にも興味を持って、追求したいという気持ちを保てることが若さの秘密だと思います。

可愛い椅子を見ると、どこでつくられたのかな？　材料はどこから仕入れているのかな？　誰がデザインしたのかな？　座り心地はどうかな？　と脳の中が質問だらけになるのです。

電線にカラスが止まっていると、「どこから来たのかな？」「仲間はどこかにいるのかな？」「賢い顔しているな」と気になるのです。

英語では好奇心は「curious」と言います。周りに関心を持つのは「mindful」と言います。

目の前にあるものを無視せずに興味を持つことで、脳を刺激するのです。

たとえば、食事のときは、一口、一口を味わって、食べ物に集中するようにしています。

そうすると、味だけではなく、食感なども楽しめます。「産地はどこだろう？」「どうやって調理したのだろう？」「この前食べた料理と比べて、今日のはどうだろう？」

と興味津々になっていきます。

散歩をしているときには花が咲いたかどうか？　季節のお菓子を売り始めたかどうか？　鳥たちは相手を見つけたかどうか？　などを気にしながら歩くのです。名前のわからない花をみつけたら、アプリで名前を調べてみる。美味しそうなお菓子を食べてみる。仲良くしている鳥たちの写真を撮ったりしてみる。ただの散歩が小さな冒険となり、自分の中の活力が増えるのです。

このように、いつも現在を気にして楽しむ精神は脳を活性化させます。幸せホルモンが分泌されて、楽しい気分になり、表情が生き生きとしてきます。笑顔が溢れ、目に輝きが増します。

これが人から見れば、「若い」と解釈されるのでは、と思います。

身体に老廃物を溜めないようにするのと同じで、心にもゴミを溜めないことが大切です。

血液の循環を良くすることで、身体も心も健康でいられます。運動や食事で体内の液体を清浄化することができます。

それと同じで、心の掃除にはいつも前向きな思考を持つことが大切です。

そのために、出会った物事を面白がって、毎日の「キラキラ」を増やすことが効果的です。しかもただ関心を持つだけではなく、感動することが重要です。

「今年はあんなに寒かったのに、水仙の球根が今年も育って花をつけた。すごい！」「隣の赤ちゃんはもう歩き出した！　可愛い！　我が子にもそんな時期があったな……」「バスが今日もぴったりの時間に来た！　すごい！」と小さなことに感動するたびに、脳が若返るのです。

感動ができる自分を保つことこそ、若さを保つ究極の方法と私は思います。

シワがあっても、顔にたるみがあっても、笑顔が優しく、目に輝きがあれば、人は若く見えると思います。

若くても、無気力で、無表情の人は老け込んでいるように思われます。

自分の歳はただの数字です。身体が老化していくのは仕方がないとしても、精神的には若いままで保つことができると思います。

いくつになっても少女の気持ちをなくしたくありません。

その表情が時々顔に表れるから、「アグネス、若いね」と言われるのだと思います。

みなさんも自分の中の少年少女を呼び起こして、若返りましょう！

# 30 美しいとは

美の基準は百人百通りだと思います。

中国語で「情人眼里出西施」という言葉があります。

恋人の目から見ると、好きな人は中国の四大美人の一人である西施のように見えるという意味です。

でも、世の中の多くの人は、誰から見ても美しいと思われる基準の「美」を追求するために、人生の多くの時間を費やしています。

正直、私も仕事柄、外見には気をつけるようにしています。若い頃はあまり気にしなかったのに、歳を重ねて、むしろ気にするようになりました。

人が自分を見て、がっかりしない程度の容姿は保っていたいと思っています。そのために、いろいろ努力しています。

私の外見のこだわりは「現状維持」です。

昨日と同じような自分でいられれば「良し」とします。そうすれば、周りから見ても、あまり変わっていないように見えるからです。

ありのままの自分でいるのと同時に、加齢の影響で変わっていく自分を元気に見せる努力をしています。

人並みにクリームを塗ったり、洗顔をしたりはしています。でも、エステや美容整形はしていません。

その代わり、食事に気を使ったり、運動をしたり、身体の調子と心の調子をいつもベストにすることを心がけています。

経験上、心の健康はとっても大切です。ほがらかな気持ちを持つことが「美」にとって一番重要です。

目の輝き、肌の調子が良くなります。笑顔も自然に出るし、穏やかに人と接することができます。そのために、あまりイライラしないようにしています。

性格的に、喧嘩は嫌い、衝突を避けたいタイプなので、争いには参加しないです。しかし時々、対抗しないために、弱いとみられて、いじめられたり、酷いことをされたりしてしまうことがあります。

私は、自分が弱い人間だとは思っていませんが、すぐに泣いてしまうことがあります。そして、いろいろ言われても、言い返せないときも多くあります。

悔しい思いをしたことは結構あります。その悔しさが残ると、顔が曇り、とても美しくは見えないです。

だから、綺麗になるために、悔しがらないことを心がけています。

ときには難しいですが、心をいつも明るく保つことが「美」の基本です。

それで、毎日笑顔でいられるようにしています。

よく自分に、「今日も元気で感謝ですね」「アグネス、お前はラッキー、感謝しましょう」と言っています。

そうすると、心の中のしこりが消えていくような気がするのです。

文句や愚痴は「美」の大敵です。いつも心をほがらかに、おだやかに保っていたいのです。

外見の場合は、自分の基準を決めることだと思います。

「あの人みたいになりたい」といった考え方は、自分を追い詰めることになります。

「自分は自分、人は人」。自分の持っている身体と顔をベストに活かせることに集中することでいいと思います。

私は三人姉妹のなかで一番背が低いです。顔も、姉たちは美人顔、とよく周りから言われます。私は「可愛い」と言われます。つまり、美人にはなれないのです。美人になろうとすると、きっと自分に負担をかけて、そして、挫折感で辛くなると思います。

だから、私は笑顔が絶えない、優しい顔になりたいと思っていました。

おばあちゃんになっても、子どもが好んで寄ってきてくれるような顔が私の理想です。

それをめざして、毎日、美しくなるように励んでいるのです。

詳しく言えば、中国医学では肌は「肺臓」の一部です。肺臓にいい食べ物は「白い」ものと「辛い」ものです。

豆腐、キムチ、ミルク、ミント、大根、百合根、白い木耳《きくらげ》、燕の巣、コラーゲン……。などなど。

日頃、このような食べ物を多く摂っています。

血気が良くなるためには赤いものと苦いものを食べます。それによって、皮膚の新陳代謝が良くなり、健康的に見えます。

肌の調子がいいと、お化粧はあまりしなくても、結構若く見えます。肌の調子が良くないときに、私はファンデーションでカバーします。そのほかの技はあまり持ってないですが、自然メイクは人並みにできています。

そして、あまり太らないために、暴飲暴食はできるだけしないようにしています。たまに食べすぎた場合は、次の日に反省して、さっぱりした食事をつくります。

私はタバコもお酒も飲まないです。

甘い飲み物は避けて、お湯とお茶をよく飲みます。

睡眠を取ることも重要で、できるだけ毎日7時間は寝るようにしています。

運動は苦手ですので、ウォーキングをやっています。

身体をしなやかに、そして、姿勢良く保てるように、ピラティスをやっています。

体重を増やさないために、筋肉を減らさないためにエアー縄跳びもやっています。

自分にあった運動はぜひやってください。

「美容」のために何かやっていますか？　と人に聞かれたときに、「別に特別に何もやってない」と言うけど、実際はこれだけやっています。

人前に出る仕事だから、外見をある程度保つのも仕事のうちです。どのように年を重ねて変わっていくのかは楽しみの一つです。自分の美の基準があれば、憂いなしです。高望みをしないで、自分なりの美しい人生をつくりあげましょう。

# 31 疲れないために脳内ホルモンをベスト状態に

現代人の悩みの一つは疲れが抜けないことです。

多くの仕事はただの肉体労働だけではなく、脳を使ったり、複雑な人間関係を築くことが必要となります。それに心労が重なり、精神的な疲労で身体もバーンアウトしてしまうのです。

完全に潰れてしまう前に、毎日リセットする方法が必要です。

私の周りの人は「アグネスはいつも元気、その秘訣は？」と聞きます。

私は人見知りで、人混みが苦手な性格です。仕事でたくさんの方と会うので、本当はとても疲れているはずです。

でも、自分も驚くほど、結構、元気でいられます。

私はある一つの方法で疲れを感じないようにできると思っています。


それは脳内ホルモンの環境をベストな状態に保つことです。

私たちの気分は体内のケミカルに左右されています。私たちが受けた刺激で、ケミカルが変化し、そして私たちの気分はそれによって変わるのです。

幸せホルモンといわれる三大ホルモンは、セロトニン、オキシトシン、ドーパミンです。

セロトニンはハッピーになれて、前向きになるホルモン、好きな人と会うとき、好きなことをやっているときに分泌されます。

オキシトシンは愛情ホルモン。スキンシップや愛する人と触れ合うときに分泌されます。

ドーパミンは褒められたとき、何か達成したときに分泌されると言います。

これらのホルモンが不足すると、やる気が出ない、疲れる、鬱になりやすいと言われています。逆にこれらのホルモンが分泌されると、疲れ感が緩和されるといわれます。

子どもたちが小さいときは、一日仕事をして、疲れ感がピークのときに帰宅します。そうすると、息子たちが走ってきて、「ママ、ママ、おかえりなさい」と抱っこしてくれるのです。そのとき、脳内にセロトニンが分泌され、一瞬にして、疲れが消えるのでした。

私はこのことを歌にまでつくりました。息子たちに出迎えられると、私は「セロトニン、セロトニン、セロトニン」と歌いながら、息子たちと遊ぶのです。

そうすると、夕飯をつくる元気が出て、スキンシップを受けるので、オキシトシンも出て、愛されている気持ちになるのです。

そして、みんなでご飯を食べて、みんなの喜ぶ笑顔を見て、ドーパミンが分泌されて、幸せ感が脳に広がります。

だから、疲れて家に帰って、「パパ（ママ）を一人にして」なんて言わないでください。むしろ儀式のように、子どもと触れ合うことが疲れない方法です。

ご飯をつくる元気がないと思って、買ってきたものを食べたり、適当にご飯を早めに食べて、それぞれテレビを見たり、携帯を見たりしても、実は疲れは消えないのです。脳が疲れたままで、幸せホルモンに飢えています。

だからむしろ、一緒にご飯を作ったり、話しながら食べるほうが疲れないのです。ご飯が終わると、身体が疲れているからといって、テレビの前でぐったりするのではなく、子どもと公園でブランコに乗ったり、コンビニでアイスを買ってきて、手をつないで食べたりすることのほうが疲れないのです。

子どものいない人は夫婦で散歩に行ったり、腕を組んで話をしたりするのもいいと思います。

独身の方はペットを飼ったり、友達と約束して、短い時間でも誰かと触れ合うことが疲れをとるためのいい方法です。

私の息子たちは仕事が終わって、ジムに行ったり、走ったりしています。それも脳内ホルモンをベストな状態にするためです。趣味の教室に行くこともホルモン状態を良くする方法です。好きなことをやっているときに、セロトニンが分泌されます。

ホルモンの分泌は、日頃の食事と行動も関係しています。

ダイエット中に落ち込む人がいます。それは栄養不足で、脳内ホルモンのバランスが乱れるからです。十分な栄養、特にタンパク質が大切です。

セロトニンが分泌されるためには太陽に当たることも必要で、暗い室内にばかりいると、落ち込むようになるので、たまには外へ出て、太陽の光を浴びることが大切です。

中国医学ではホルモン分泌を良くするためには、黒いもの、酢っぱいものを食べるといいと言います。貝類や海藻がとてもいいと言われています。

疲れないためには、体力づくりだけではないのです。気分を左右する脳内ホルモンのバランスを考えながら、元気な毎日を過ごしましょう。

# 第Ⅶ章 絆を紡ぐための言葉

「人と人を繋ぐ糸は感動を織り出す」

# 32

# 子どもに愛情をかけると、かけ算で返ってくる

シリア難民を訪ねるために、トルコの避難所を訪ねたときのことでした。

ユニセフが設立していた「まかな」という子どもたちのフレンドリープレイスに行ったときに、私が子どもたちにお話ししたある物語があります。

主人公のモグラの幼稚園児が、先生から宿題を出されました。

それは「家族の一人ひとりを抱きしめて、〝愛している〟と言いましょう」ということでした。

物語をお話ししたあと、私はそこに集まった難民の子どもたちに「みんなも棲家に戻ったら、家族の一人ひとりを抱きしめて、愛していると言ってね」と言いました。

子どもたちは「へーーー」とちょっと戸惑った様子でした。

シリア難民の子どもたちに、愛の掛け算の法則を教えてもらいました

「それなら、ちょっと練習しましょう」、と私は両手を広げて、「私を使って、練習しませんか?」と問いかけたのです。

そうしたら、一人、二人、と子どもたちは前に出て来て、私を抱きしめて、「愛している」と言ってくれたのです。

私はすごく感動しました。そのときに、一人の男の子がいきなり、周りの大人のところに行って、一人ひとり抱きしめて、「愛している」と言ったのです。

その子の行動を見て、ほかの子どもたちも同じように大人のところに行って、抱きしめては、「愛している」と言ったのです。

スタッフはみんなびっくりして、涙をこぼす人もいました。子どもたちの「愛している」の連続で、私も泣いてしまいました。

その場は愛に満ち溢れる空間となり、悲しい現実のなかの一筋の光のように感じました。

車に戻ったときに、運転をしてくれているスタッフにこのことを話したら、「子どもに愛情をかけると、かけ算で返ってくるよね」と言いました。

その通り！　本当に何倍も返ってきます。

子どもたちがくれた温もりは、今も思い出すたびに胸が熱くなります。

その後も争いが続き、地震が起きて、子どもたちの安否が気になります。

子どもたちも私のように、その日の温もりを思い出して、寒さを凌いでいるのかしら。

一日でも早く戦争が終わることを願っています。

# 33 家族関係は利害関係にしてはいけない

「いい子にしてくれたら、お小遣いをあげる」と、よく親が子どもに言います。「おじいちゃんはお金をくれるから、いい人」という孫の言葉も、時々聞きます。「いい成績を取ったら、あれを買ってあげます」と、お母さんが子どもを励ますために言ったりします。

これらの言動は家族関係を「利害関係」にしてしまう危険性があります。

何かをやったら、何かがもらえる。何かをもらうために、何かをやる。これは条件付きの愛情、条件付きの服従です。

家族は無償の愛、自己犠牲の貢献に基づいて成り立つもののはずです。利害関係を持ち込むと、ご褒美が足りなくなれば、愛情もなくなってしまいます。

親の愛をお金やご褒美で測るのは、とても悲しいことです。

子どもも、親の条件を満たないと、愛されないのでは、と怯えてしまいます。

本当は、親の愛と関心が一番のご褒美なのに、物が絡んでくると、子どもは物をめがけて行動します。本当の愛情が伝わりにくくなります。子どもは家族の愛情を物やお金で測ってしまいます。

そして、自分の価値も、もらったもので測ってしまいます。

物やお金をたくさんくれる人は、自分を大切にしてくれている人、物をくれない人は自分を大切にしてくれていない証拠、と勘違いしてしまいます。

物が貰えないときは、自分が価値のない人間だと自信をなくしてしまいます。

自分の価値を確かめるために、絶えず物をねだったりします。貰えないと、親の愛情と自分の価値を疑ってしまいます。

このように育てられたら、人に好かれたいときも、物で釣ろうとします。

「僕の家には最新ゲームがあるよ。来ない？」「僕がご馳走するから、飲みに行こ

子どもへのご褒美は、楽しい思い出作りが一番良いと思います

う」とか。

大人になっても人間関係が利害関係になります。

しかし、利益ありきの人間関係は長続きしません。金の切れ目が縁の切れ目というように、偽りの絆に惑わされます。

子どもを、本当の愛情と友情を築き上げられる人間に育てるためには、家族関係を利害関係にしてはいけないのです。


子どもへのご褒美は簡単に物やお金で済まさないことが大事です。

その代わりに、「公園でかくれんぼをしましょう」とか、「パパを変装させよう」とか……。想像力を使って、子どもが喜びそうな活動を一緒にすることをご褒美にすべきです。

親と共に過ごす楽しい時間が最高のご褒美だと子どもは実感できて、家族の絆が深くなります。

でも、それには親の努力が必要です。

忙しいお父さんは、ついお小遣いや物で子どもの愛情を釣ってしまうと言われています。

今だと、共働きの家庭が多いので、お母さんも時間のないなかで、子どもがねだれば、物を買い与えてしまいます。

ではどうやって多忙な生活のなかで、時間を絞り出して、子どもと過ごすのかは現代家族の課題です。

これは社会の仕組みを変えたり、親の価値観の優先順位を改めたりしないと、実現できないかもしれません。

でも、一日のなかでたとえ二十分、三十分でも子どもと集中して遊べば、子どもは一日中の寂しさを忘れることができるのです。

たとえば、夕飯が終わったら、十分間だけ、散歩しに行くとか。

家族のプロジェクトを決めて、それに向かって、毎日少しずつ何かをやるとか。「自分たちで椅子をつくってみよう」「パパの誕生日までに、手づくりのスリッパを一緒につくろう」など、共通の目標があると、楽しみが増え、家族のつながりを実感することができます。

人生のなかで、無償に愛してくれる人と何人、出会えるのか？　無条件で自分を受け止めてくれる人が何人いるのか？

縁があって家族になったのだから、利益を考えずに、条件なしで愛し合う幸せを築きましょう。

# 34 親になると、感動の瞬間が増える

子どもを持つ選択をしたら、世の中に自分の分身が永遠に存在するということを認める覚悟が必要です。

子どもが欲しくないという友達は「俺みたいな人間がもう一人いてもしょうがない」と言っていました。しかし結婚して、奥さんから「あなたに似ている子が欲しい」と言われました。「彼女にあんな風に言われて、まんざらでもなかった」と。結果、二人の子どものお父さんになりました。

「自分の中に、ここまで、人を愛する力があるとは思いませんでした」と。今は

良きパパです。

愛され、愛する、愛が形になる。これが理想の家族のつくり方かもしれません。


遺伝子を残したい欲望は生物の本能だと言われています。

でも、各国の少子化を見ると、子どもが欲しくない、結婚したくないという若者が確実に増えています。


理由はさまざまのようです。

経済学者は、金銭的な余裕が出てくれば人々は子どもを産むと言います。それが今でも主流の考え方で、少子化対策の柱として、金銭的な支援が主な政策です。

本当にそうなのでしょうか？

アンケートに答えるときは優等生の答えで、「経済的に無理」と言ったりするのですが、実はそれ以外にもたくさんの理由があるようです。

環境問題に熱心な若者は「地球にこれ以上人間を増やしたくない」と言います。

「世の中は子どもが健康に成長できる状況ではない」とも言います。

「一生一緒にいたい相手がいない」と結婚相手が見つからない人もいます。

単純に「身体の線を崩したくない」「太りたくない」という理由をあげる女性もいます。

「私の人生は楽しくない。わざわざ子どもにもこの苦しみを味あわせることはしたくない」という後ろ向きな話もよく聞きます。

「私は自分の面倒もみられないのに、子どもの世話は絶対に無理」と、自信がないと言う人もいます。

「子どもがいても、何も得することはない。老後の面倒は国が見るし、お金は自分で使い切りたい」と極端な言い方をする人もいます。

こういう理由を聞くと、人間に対する疑問が生まれてしまいます。

人間は賢くなったのか？　愚かになったのか？　寛大になったのか？　わがままになったのか？

「生物が遺伝子を残す基本的な本能をなくしたら、自殺行為ですね」と社会心理学者は指摘しています。

人間は自滅を選んでいるのでしょうか？

子どもの成長していく姿に親は大きな感動を得られます

私が長男を産んだとき、すでに日本は少子化の危機にさらされていると言われて、私は国会の参考人として呼ばれました。どうすれば子どもが産みやすくなるのか意見を聞かれました。

そのとき私は、もっと母親と子どもに優しい社会が必要と訴え、そして母親が働きやすい職場も必要、と言いました。

同じ会に呼ばれた学者は「今は経済が悪いので、経済が良くなれば、出生率は上がります」と言い切っていました。

でも、それは三十何年経っても実現していません。

なぜ、子どもを産むの？

そもそも、この質問について深く考えると、万人に当てはまる答えは出てこないと思います。

昔は子どもが財産。労働力、後継、老後の保証と、子どもを持つのは家族の力を増やす手段でした。

しかし今は子どもを育てることはお金のかかる活動で、大人になった子どもは必ずしも親の面倒をみるとは限りません。

そうなると、子どもは贅沢品で、子どもが好きな人だけが持つもの、となってしまいます。子どもをつくることはまるで買い物のようになってしまいました。

私は子どもを持つことで、人生に「感動的な瞬間」がたくさん増えました。

人生が幸せだったかどうかは、最後の一息まで、何回感動したかで決まると思うのです。

そういう意味で、子どもを持ったことで、私は幸せな人生を送ることになったと思います。

子どもの成長を見守るなかで、小さなことにも本気で感動する自分がいました。

「寝返りをした」「笑った」「歩いた」「喋った」と自分の親バカぶりに呆れました。

でも、その度に、本当に心の底から感動しました。

自分よりも大切な人ができて、生きている意味が変わりました。

この小さな命を守るために何をすべきかが自分の生きる目標となったのです。

三人の子どもに恵まれたので、もうすでに一生分以上の感動をいただきました。

それだけで、人生は楽しかったし、幸せでした。

ただし、親になり、絶対に失いたくない大切な人ができたことで、人間は弱みを持つようにもなります。

それにつけ込む人がいたり、それを元に脅迫してくる人も出てきます。

私が児童ポルノに反対をしていた頃、よく脅迫文書が届きました。

「子どもが一人で歩いているときもあるよ！　気をつけろ！」「自分の子どものことを考えろ！　月の出てない夜もある！」と私のところに怖い脅迫状のようなものが届くのです。

自分はどうなってもいいけど、もし子どもに何かがあったら……と考えると、夜も眠れませんでした。

でも、「自分の子どもも、人の子どもも守りたい」という気持ちが強くなって、活動を続けました。

弱みはできたけれど、人間としては強くなりました。

親になるのは大変だけど、理屈なしに価値のあるものと私は思います。

「子どもは五歳までに一生分の親孝行をしてしまうのです」と言う友達がいます。

私はその言葉に大賛成です。

そのときの温もりが今も私を支え、厳しく寒い冬の夜には私を温めてくれています。

つまり、親になることは他では得られない、心を揺さぶる感動を感じる活動です。

それによって、心配事や、苦労がすべて打ち消されるほどの幸せ感が広がって、そして何よりも生きている実感が感じられるのです。

## 35 コミュニケーションはツーウエイ

思春期の子どもを持つ親はよく「子どもたちが話してくれない」と言います。何を聞いても、「普通」「何もない」「別に」としか、答えが返ってこないと言います。

それは親が聞き手になっているからです。

子どもの情報を引き出そうとしたい一心で、一方通行の交流をやってしまっているのだと思います。

コミュニケーションはツーウエイです。お互いに情報を分かち合うことで成立するのです。

八つの条件が揃って、コミュニケーションは始まります。

まずは送り手（1）がいて、受ける人（2）がいます。

お互いに通じる言葉や信号（3）が必要です。たとえばそれは言語だったり、絵だったり、歌だったり、表情だったりします。

そして通達する媒介（4）が必要です。それは電話だったり、テレビ電話だったり、面と向かって話したり。

そして、メッセージ（5）が必要です。つまり伝えたい内容です。

そして相手に理解（6）する能力が必要です。相手が理解して、反応（7）をして、その反応を伝える（8）。

この条件がすべて揃って、そして、プロセスがスムーズにいったことで、やっとコミュニケーションが成り立つのです。

では、日頃私たちは人と話しているとき、この最低の条件が揃っているでしょうか？

上司が部下と話すときに、部下の話を聞いているでしょうか？　親が子どもに話すとき、自分の話はしているでしょうか？

夫婦の会話は奥さんだけが話していないでしょうか？

案外私たちはコミュニケーションが下手なのかもしれません。

子どもとコミュニケーションを取りたいのなら、まずは自分の話からすることが大切です。

「ママは今日、こんなことがあったよ」「今日は上司に怒られて、ちょっと凹んでいるの」などなど。

子どもはきっと自然に会話に乗ってくると思います。

上司の立場の人は、部下の言い分を聞く時間と心の余裕を持つことも大切です。

時々見落としていることもあるはずです。自分と部下の成長のために、聞く耳を持つことはとっても大切です。

夫婦の間の会話は、子どものことに集中してしまいやすいので、ときには場所を変えて、違う話をすることも大切です。

条件のなかで、最も大事なのが「内容」です。

相手にとって、興味ある内容を持っているかどうかが肝心です。

コミュニケーション上手な人は、話の引き出しが多く、どんな場面でも相手が面白がる話題を話すことができます。

そのためには日頃から好奇心を持って世の中に関心を持つことで話す内容が豊かになるのです。

それと同じくらい重要なのが「聞く力」です。相手が話すことに興味を持つ。そして、相手が話しやすいように、質問をする。

これは心の中で、本当に相手の話を知りたいと思うことから始まるのです。

自分の意見を用意するばかりで、相手の話していることに集中しないと、会話は噛み合わないです。

コミュニケーション上手な人は人に好かれて、友達も応援してくれる人が多いのです。

それによって楽しい時間が増え、結果として、幸せな人生が送れます。

人見知りな人も、話下手の人も、自分の方法でコミュニケーションができれば、人とのつながりができます。

媒介によっては世代を越え、空間を越えるコミュニケーションもできます。

一人で楽しい人生もいいですが、人と分かち合える人生はもっと素晴らしいと思います。

# 36 言葉を超えるコミュニケーションの道具を持つ

私たち人間は言葉を持つようになってから、コミュニケーションをするときに、主に言葉に頼っています。

日本の言葉のなかには、「阿吽の呼吸」というものがあります。お互いに知り尽くしていて、言葉要らずでコミュニケーションがとれる、という意味です。

そうなれば理想ですが、でも、普通は言葉は欠かせないコミュニケーションの道具です。

しかし、人生をより豊かにするために、言葉以外に自分のコミュニケーションの道具を持つことをお勧めします。

私の場合は、「歌」がその道具です。

一度も会ったことのない方でも、私の歌を聞いて、いろいろと感じてくれると思います。

歌のなかに自分が伝えたいメッセージを込めることができます。

歌には歌詞があり、それもある意味、言葉に頼っています。

でも、言葉を超える〝歌の力〟を感じることがよくあります。

ユニセフのミッションで、内戦が激しかったスーダンのダルフール地域を訪ねたときに、ジャンジャウィードという民兵と、焼け野原になった村を訪ねたことがあります。そこはヘリコプターでしか行けないところでした。

しかし、気温が上がり、パイロットは「すべての人を乗せては飛べません。半分のクルーを乗せて、まず帰ります。そのあとで、残りの人を迎えにきます」と言うのです。

私は一部の撮影クルーと一緒に残りました。

その村に残っていたのはジャンジャウィードと対抗する別の民兵のグループでした。三十人くらいですが、武器を持ち、布で顔を隠している男たちでした。

村には一本の大きな木がありました。あとはすべて焼き尽くされたのです。

私たちは全員、その木の下でヘリコプターの帰りを待っていました。

話を聞くと、彼らはみんな家を離れて、戦争のために集まってきたそうです。

ヘリコプターがなかなか帰ってこないので、そのうちに私は、「私は歌手です。歌を歌ってあげる」と言いました。

そこで、私は「帰ってきた燕」という歌をアカペラで歌いました。

兵士たちは最初黙って聞いていましたが、そのうちに、一人、二人と泣き出しました。

男たちの涙は美しく、悲しいものでした。

歌い終わると、「どんな内容の歌ですか?」と聞かれました。

「故郷を思う歌です」と答えたら、彼らは再び泣きました。

「内容がわからない前から、歌を聞くと母を思い出しました」「ふるさとの山を思い出しました」とみんなが話し出しました。

言葉はいらない、歌の情感で気持ちが伝わったのでした。

私は改めて、自分が歌手であることを幸せだと思いました。

やっと、ヘリコプターが戻ってきて、彼らは身体に巻きつけてあるコーランを外して、私たちにプレゼントしてくれました。

「これをかけていると、撃たれませんよ」と言うのです。

私にもかけてくれました。自分の命を守るための大切なものを私たちにくれたのです。

ヘリコプターが飛び立ったとき、私は大声で泣きました。そこで感じた悲しみ、人の優しさは、一生忘れません。

言葉は通じませんでしたが、気持ちはいっぱい伝わりました。

社会にはいろいろなコミュニケーション道具を使って、自分の思いを伝えようとする人がいっぱいいます。

画家さんなら、一枚の絵で、その時代、自分の感情、あらゆるメッセージを相手に伝え、感じさせることができます。

服のデザイナーは服によって、次のトレンド、美意識などを伝えられます。

建築家はつくる建物で自分の意思や、街への想い、住む人への思いやりを伝えられます。

実際に世の中には言葉を超えるコミュニケーションがたくさん存在しているのです。

私は家族に料理を通して、愛情を伝えています。家族の健康状態、季節のものなど、いろいろ計算したうえで、彼らに合った料理をつくります。

そこから、ママの愛情を感じてもらいたいと思っています。言葉には表せない、私の想いと愛情が込められている料理を食べてもらうことはとても幸せです。

その思いが伝わったからか、最近は息子たちが私に料理をつくってくれます。

たとえば長男の場合、彼はカリフォルニアに住んでいますが、たまに訪ねに行くと、さりげなく、テーブルの上に、彼の手づくりの、私が大好きなケーキが置いてあったりするのです。

何も言わなくても、「ママが来るのを待っていました」というメッセージが伝わってくるのです。言葉で言われるよりも、嬉しいコミュニケーションです。

彼が結婚してからは、お嫁さんはいつも私が訪ねて行くと、テーブルの上に、置けるだけのお菓子を用意してくれるのです。

その愛情表現の仕方も、とても可愛いと思います。

実際、多くの家庭でも、小さいときに食べた母の料理は「お袋の味」。大人になっても、その味を食べれば、お母さんの愛情が感じられると思います。

あなたの無言のコミュニケーション道具はなんですか？　ぜひ身につけて、たくさんの思いを人に伝えてください。

# 37

# 身体を大切にするのはいただいた命に対する敬意、親孝行である

大食いの友達がいて、体重はかなりオーバーしています。

なのに、「食べるのが大好きです」とまったく気にしませんでした。

身体を壊し、入退院を繰り返していましたが、それでも体重を減らそうとしませんでした。

歩くのも困難になり、ちょっと階段を登るだけで「ハーハー」と言っていました。

それでも懲りずに食べ続けるのです。その姿を見て、みんなとっても心配していました。

結局、彼女は海外旅行中に、心臓発作を起こして、六十五歳で亡くなりました。

彼女の夫、子どもはもちろん、高齢のお母さんはひどく悲しみました。

私はそれなりに健康に気をつけています。

食べたいものを我慢して食べなかったり、苦手な運動をしたり、休息を取ったり……。

改めて、なんで健康に気をつけているのだろうと考えてみると、その理由に気づきました。

私が身体を大切にしている理由は、この命をいただいたお礼をしたいからだと思いました。

「ただ」でいただいた「命」に、「恩返し」をしたいのです。

恩返しをするには、恩返しをするための命が必要です。

私はまだ恩返しが足りていないと思っているので、健康に気をつけて、もっと恩返しがしたいのです。

もう一つは母のために元気でいたいのです。

母は高齢です。身体は弱っていますが、健在です。

母に親孝行をしたいので、母より早く死ぬことはできないと強く思っています。そのために、元気でいないといけないのです。母を悲しませないために、自分の命を大事にしているのです。

母は最近私のことを認識できなくなりました。話もあまりしなくなりました。それでも、毎日できるだけ母の側にいて、共に時間を過ごしています。

私は母の耳元で歌を歌います。

最近までは母から教えてもらった子守唄や童謡をアカペラで歌っていました。

ある日、私は携帯電話から自分の香港でのヒット曲のカラオケを流して、それにあわせて母のために歌ったのです。

そうしたら、普段あまり反応しない母が、楽しそうに曲のリズムに合わせて、私とつないでいる手を動かしたのです。

私は大感激！　確かに聞いている証拠として、歌が終わると、手の動きもストップするのです。

次の曲が始まると、またリズムを取るのです。

母とコミュニケーションをとる方法ができたのです。すごく嬉しかったです。とっても感謝しています。

そういう意味で、私が元気に生きているから、母のために歌えるのです。歌手になって良かったと実感しました。

そして、私ががんで母より先に死ななかったことに感謝しました。

もっと身体を大事にして、毎晩、母のためにミニコンサートをしたいと思いました。

身体を大事にすることは母の愛情への恩返しです。


さらに、人生を最後の最後までまっとうするのは、このいただいた身体への敬意です。

もちろん完璧な身体ではないことはわかっています。でも身体のなかの一つひとつの細胞は、それなりに一生懸命生きているのです。そのために、彼らにお粗末なことはできません。

一つひとつの細胞が最後まで元気いっぱい生きていけるように、日頃できるだけのことをしたいです。

この考え方は「感謝」の気持ちに基づいていると思います。

この身体も、この生きている時間も、すべてが恵みであり、誰かがくれたものです。

両親が愛情を持って育ててくれた、先生たちがいろんなことを教えてくれた、スタッフは私の長所を引き出して、仕事ができる人間にしてくれた。

夫は結婚してくれて、子どもたちのパパになってくれた。子どもたちは私の愛情を信じて、成長してくれた。

すべての人に感謝の気持ちを持って、健康に気をつけて、身体を大事にして、できるだけ長く恩返しをしたいです。

暴飲暴食をしたり、薬物に手を出したり……。ある意味で自分勝手な行動だと思います。中毒になっているのかもしれません。

自分で自分の欲望を管理できないようにする誘惑は世の中にいっぱいあります。

気をつけないと、恩知らずな人間になってしまいます。

敬意と感謝を持って、自分の身体とつきあいたいものです。

# 第Ⅷ章 幸せになるための言葉

「幸せは気づくことと人はいう。
でも、本当は自分で決めること
かもしれない」

# 38

# 「お陰様で」。感謝の気持ちで豊かな人生を

私が大好きな日本語に「お陰様で」があります。

いろんな人が陰ながら自分を支えてくれていることを忘れないように日々心がけています。このことを痛感したのはカナダに留学していたときでした。

十四歳で香港デビュー、十七歳で日本デビュー、順風満帆で仕事をしていた頃は、仕事がうまくいっているのは、自分の実力か、運が良かったからだ、と思い込んでいました。

しかし、カナダに留学して、一人暮らしを始めてみると、いかに周りにいた方々が私を支えてくれていたのかを痛感したのでした。住むところ、食べ物、基本料金……生活のすべてを人に頼っていたことに気がつきました。

カナダで大雪のなかを、学校に通うのは大変でした。

ある日、たくさんの本を抱えて、買い物袋を下げて、アパートの裏門から入ろうとしたときに、ちょうどゴミ集めのおじさんがいて、ドアを開けてくれました。すごく助かったので、「ありがとうございます」と頭を下げて、お礼を言いました。そうしたら、「喜んで。可愛いレディーのためなら」と笑顔で言ってくれたのです。エレベーターのボタンも押してくれて、優しくしてくれました。

なぜかそれが嬉しくて、部屋に戻ったとき、感動して泣いてしまいました。小さな親切に感動できるようになった自分を愛しくも思えました。

この日まで、自分が仕事をしてきたこと、学校にも通えたことは、たくさんの人の陰ながらの応援があったからできたのだ、ということに気づきました。

単純に毎日生きていることだって、実はたくさんの人が陰ながら努力してくれている結果です。

水道が出るのは水道管をつくって、管理している人がいるから。電気がつくのも、道の雪かきも、学校の運営も……。すべて誰かのおかげなのです。

それを考えていなかった自分を本当に恥ずかしく思いました。

生きていること、毎日がスムーズに運べたこと、学校に行けること、仕事ができること……。すべてに感謝しないといけないと思いました。

それが「お陰様で」の精神なのですね。

そのことに気づいて、なぜか毎日が少し豊かになった気がしました。

寂しさも深刻なほどには感じなくなりました。

助け合って生きているのなら、私はどこで役に立てるのかを考えるようになりました。

何でも当たり前と思ってしまう人は、きっと人生のなかで感動する瞬間が少ないと思います。

そして、大勢のなかにいても、寂しい思いをすると思います。

そして、大金持ちになっても、貧しい人生を過ごすことになると思います。

感謝の気持ちを持たない人は、悲しい人生を過ごすことになってしまうと思います。

# 39

# 人を透明にしない。周りの人を気にかけることで、幸せな気持ちになる

私はよく息子たちに「人を透明にしない」と言います。

実際に私たちは生活のうえで人を透明にしているときが多いのです。つまり、周りにいるのに、私たちはその存在を無視しているということです。

これはやりがちなことなので、私は息子たちに「気をつけて、周りの方のことを気にかけるように」と話していました。

実際は息子たちに一人ひとりの人間の大切さを教えてあげたかったのです。

なぜそうしないといけないのか？　それは別に理由はないです。

自分がそれによって得することがあるのかどうかはわからないです。

ただ人の存在を認めることは、人間として最低の礼儀なので、それは人として、

守ってほしかったからです。

たとえばトイレに入って、掃除をしている方がいたら、私は必ず、笑顔で「お疲れ様です」と声をかけます。レストランで食べ物を運んでくれる方にも必ず「ありがとう」と声をかけます。駅で駅員さんがそばにいるときは「ご苦労様」とお礼を言います。

あなたがいて、私は助かっている、ありがとう！　というメッセージを伝えたいからです。

そんなことを息子たちに、口をすっぱくして言い続けたのです。

ある日、長男が小学二年生のとき、校庭にいた私に、校庭を掃除している女性が近寄ってきました。

「和平君のお母さんですよね」と。「和平君は本当にいい子です。私にいつも挨拶するし、手伝ってくれるのです」と言ってくれました。「それをお母さんに知ってほしくて」と笑顔で話してくれました。

私はそのとき、本当にすごく嬉しかった！　なぜかすごく報われた気分でした。

我が子が私の知らないところで、周りの方のことを気にかけていて、行動に出ていたのでした。

なんということでしょう！　母として我が子を誇りに思い、幸せな気持ちになりました。


同じような優しさを次男も見せてくれました。

次男が小学五年生のとき、友達を連れて帰ってきたことがありました。

「この子は家に帰れないので、ママ、泊めてあげて」と言われました。

両親と連絡が取れず、家には事情があって戻れない、と言います。

話を聞くと、友達は校庭で一人ぼっちで泣いていたそうです。誰にも助けてもらえなかったそうです。

それを見て、次男は勇気を出して、家に連れてきたそうです。

戸惑いましたが、次男の優しさに感動して、泊めてあげました。

十日後、お母さんが迎えに来てくれて、事件は解決しました。

次男は友達が我が家に泊まっていることをみんなに言いふらすことはなく、困っている友達を庇い続けました。

小学生としては、本当に素敵な行動だと思いました。母として、次男の優しさに大きな感動を覚えました。

「私は関係ない」「誰かがやるだろう」と普通は思うかもしれません。それはよくある話です。

でも、それをあえて自分の責任として、助けようとする行動に出ることが温かい社会をつくる基本かもしれません。

「ありがとう」「ご苦労様」「いい天気ね」「大丈夫？」「手伝いましょうか？」と毎日、誰かに言えたらハッピーですね。

# 40 無敵な笑顔。人間だけの好意行動、最強なコミュニケーション道具

笑顔は、人間特有のコミュニケーションです。

笑顔には大きな力もお金もいりません。

でも、笑顔を受けた人にとっては、何か温かいものを感じることになります。そんなに簡単にできることを、使わないのはもったいないです。

それはちょうど足があるのに、歩くことを拒否している、声があるのに、話すのをやめるのと同じくらいもったいないです。

私は笑顔の強さをとことん信じています。

数えきれないほど、笑顔の力のエピソードがあるけど、一つの場面が私の脳の中に刻み込まれています。


それはユニセフの活動でインドに行ったときのことでした。スラムに住む人々を助けるユニセフの活動を紹介する特番をＮＨＫが撮りに来てくれて、スラム街の中に住む一人の少女を訪ねて、その子の一日を追うことになりました。

少女の母は二人の幼い子どもだけを連れて実家に帰ったそうです。夫と姑のいじめに耐えられなくなったためでした。少女はスラムに残され、お父さん、おばあちゃんと二人の兄弟の世話をするようになったのです。

外出は許されず、学校にも行けず、度々お父さんの暴力を受けていると言います。その日、少女はご飯をつくって、みんなに食べさせようとしていました。でもおばあちゃんにひどく叱られ、泣きそうになっていました。

小屋の中の雰囲気は最悪だったのです。

そこで私は、自費で同行、連れて行った私の長男を彼らに紹介したのです。

「実は私の子どもが来ています」と言いました。

長男はカメラで写真を撮っていましたが、カメラを下ろして、顔を見せたのです。

みんなは長男を見て、疑うような表情をしていました。

そこで、長男がいきなり、思いっきりの笑顔を見せたのです。その白い歯が暗い小屋の中に光りました。

みんなが急にほっとした感じで「おー」と言って、笑顔になりました。

長男が「こんにちは」と言ったら、みんなが笑顔で両手を胸で合わせて、挨拶をしてくれました。

ほんの一瞬の出来事で雰囲気が変わり、和やかな空気が流れました。

そのあとは「ようこそ」「一緒に食べませんか」と会話が弾みました。

長男の笑顔が人々を安心させたのです。笑顔の力はすごいと感じました。

私はどこの国に行っても、笑顔で子どもたちと接します。言葉が伝わらなくても、笑顔は世界中の共通の言葉です。


もう一度、笑顔の力を感じた出来事は、南スーダンに行ったときのことでした。

長い内戦で児童兵士を使って戦いを続けている武装集団が多いところです。

そのなかの一つ、「コブラ派」は兵力の中の二千人以上が児童兵士だと言われていました。

私はそのリハビリセンターで、元児童兵士たちと会いました。

ユニセフの説得で七百人は解放されていました。しかし、まだ千人以上の子どもたちが兵士として使われていると思うと、胸が苦しくなりました。

司令官に会えるというので、すべての児童兵士を解放してもらおうと思ったのです。

持っていくお土産はなく、唯一自慢できるのは笑顔だけです。笑顔で話し合って、児童兵士を解放してもらうと思いました。

大変な道のりでやっと辿り着いた司令官の小屋には、長老も含めて、重装備の兵士たちが厳重な警戒をしていました。

話が進み、私は思い切りの笑顔で、「他の子ども兵士も返してください。私たちが責任を持って、親元に返します」と言ったのです。

そうしたら周りがざわつき始めました。

スタッフが危険を感じ「帰りましょう」と、その日は帰ることになりました。

車の中で、私は落胆しました。私の笑顔は力がなかったのか、と。

しかし、日本に戻ってきて、二ヶ月が経ったあとに、「コブラ派」からすべての児童兵士が解放されたというニュースが届きました!

やっぱり笑顔は無敵!

笑顔の力を軽く見てはいけないと思いました。

司令官に私の笑顔に込められた誠意と友好的な気持ちが伝わったのですね。

笑顔には力があります。あなたも笑顔で、人を和ませたり、幸せにしてください。

コブラ派の司令官と面会して、児童兵士の解放をお願いしました

解放された南スーダンの児童兵士たちは、ユニセフのキャンプでリハビリを受けていました

# 幸せの花の種

41

私は息子たちに「誰もが生まれながらに幸せの種を持っているのよ」といつも言っていました。

「でも、その種は自分の心の中では花が咲かないの」

「誰かの胸に蒔いて、初めて綺麗な花が咲くのよ」と教えています。

つまり、言いたいことは、「人を幸せにする力はある。でも、幸せになるためには、人の力が必要」ということです。

自分の力を認めながら、他人の存在の重要さを教えたかったのです。

「自分の心の中に幸せの花園が欲しいのなら、人に優しくしたり、魅力的な人間にならないと、種を蒔いてもらえないよ」と言いました。

「自分の心の中に幸せの花がいっぱい咲けば、その花がまた種をつくり、その種をまた人の心に蒔いたりすることで、世の中の幸せが増えるのです」

お話みたいに息子たちには言いましたが、実際に実行するのは簡単ではないと思います。

つまり、人は頼り合っている、一人では幸せにはなれない、ということです。

理想的なかたちだと、たとえば、母親が子どもの心の中に愛の種を蒔いて、子どもたちが、笑顔や元気な姿で母親に愛を返します。

お互いに幸せの花を胸で咲かせることができます。

友達が、「片思いをしている人なら、幸せの種を蒔きたくても、必ずしも相手は受け止めてくれない……。それは悲劇の始まりですよね」と私に聞きます。

それは「相手が間違っているからでしょう」と私は言いました。

相手は必ずしも恋愛の対象ではなくてもいいのです。助けを待っている人は世の中に数えきれないほどいます。幸せの種を蒔きたいなら、待っている人はたくさんいるのです。

必ず自分のほうに種を返してくれる人はいます。

しかも幸せの花はいろいろあるのです。大きい花、小さい花、赤い花、白い花と、いただいた種によって咲く花は違ってくるはずです。

息子からもらった種の花は、友達からもらった種の花とは違います。

作詞家からもらった種から育つ花と、恩師からもらった種の花とも違います。

だからこそ、心の中の花園は、彩り豊かで美しいのです。


ユニセフのミッションでウクライナのドンバス地域の学校を訪ねたときに、急にサイレンが鳴って、防空壕に入らないといけなかったことがありました。幼い子どもたちは一枚の紙を頭に乗せて列をつくって、地下にある防空壕に走るのです。一枚の紙では子どもたちを守れるわけがないと思いますが、それが決まりでした。子どもたちはその紙がまるで自分の命綱のように頭に乗せていました。

私たちも一緒になって走り出すと、その中の一人の女の子が私に自分の紙を渡してくれたのです！

私は「大丈夫、あなたを守って」と言いましたが、彼女は「頭に乗せて、乗せて」と私に催促するのです。

私は彼女の優しさに大きく感動しました。目頭が熱くなって、涙が溢れました。

自分の命より、私の命を大事にした五歳の女の子。天使です。

ウクライナの幼稚園でサイレンが鳴ると、子どもたちは紙一枚を頭に乗せて防空壕に逃げます

心に大きな幸せの花が一瞬にして咲き誇りました。戦争の暗闇の中で光が見えたように思いました。

防空壕に入って、真っ暗な中で、彼女を抱きしめました。

彼女の心に、私の幸せの種をいっぱい蒔きました。

「無事に、元気に育ちますように。幸せな人生を送れますように」とおまじないをかけました。

今、思い出しても泣きそうになります。

彼女から貰った種の花は、私の心の中で大きな平和の花として育っています。

人に会うたびに平和の大切さを訴え、平和の歌を歌い、平和の文章を書いています。

それでも世の中は争いが絶えません。

でも、彼女から貰った種で育った花の種を、私はたくさんの人の心に蒔きました。

きっと、その人たちも、次の人に蒔いているはずです。

幸せな花の園はこうやって広がっていくと信じています。

あなたの心の中にも彼女の種で育った花の種が届きますように。

# 42

# 人の最も重要な任務は夢を見ること

教育の最大の目的はなんですか？　とよく人から聞かれます。

私はいつも「子どもたちに夢を見ることを教えることです」と答えます。

そして、子どもたちには「君たちの最大の仕事は夢を見ることです」と教えていました。

子どもが夢を見るから、大人はその夢を応援するために一生懸命働くのです。

子どもたちが夢を見なくなると、大人もがんばる意欲を失い、社会全体が無気力になるのです。

いつの時代も、子どもや若者の夢が未来をつくってきました。

だから教育の最大の目的は、子どもたちに夢を見させる方法を教えることです。

でも、よく考えてみたら、大人だって、一番重要なつとめは「夢を見ること」だと思います。特に高齢化になってきた社会では、大人も無邪気に夢を見ることが世の中を動かしていくのです。

だから、私たちも夢を見る責任を自覚しましょう。

「果てしない夢を見ても仕方がないです」と現実主義の人は言います。

確かにすべての夢が一〇〇％実現することは難しいです。

でも、近づくことはできます。そして、夢見ることをあきらめなければ、夢が実現する確率が高くなるのです。

夢は必ずしも大きいものでなくてもいいのです。でもキラキラとしたもののほうが楽しいと思います。

私には自分流の夢を見る方法があります。

それは「思い込み」型です。

「こうなりたい」「このことが実現できたらいいな」と思うと、頭の中でその夢の定位置をつくるのです。指定席です。

つまり「忘れない」「絶えず思っている」ということです。

すべての時間を、その夢を実現するために使っているわけではありません。でも、忘れたり、あきらめたりはしないのです。そうすると、無意識に、その夢に近づく行動をとるようになる、と私は思うのです。

そして、ある日突然、夢に結構近づいていると気づくのです。

魔法のように、結構、成功率が高いのです。

たとえば、小学生の頃から、私は子どもと関わる仕事がしたいと夢を見ていました。中学生のときにスカウトされて、歌がヒットして、いきなりに歌手になりました。でも、頭の中には「子どもと関わる仕事がしたい」という夢がずっとそのまま定位置にありました。

日本でもデビューして、おかげさまでヒットしました。そして大学に行くときに、「専攻は何にする?」となり、私は迷わず「児童心理学」を選びました。

カナダへ留学が決まったときも「社会児童心理学」を選びました。

カムバックして、結婚して、スタンフォード大学の大学院に留学するときも、「教育学」を選びました。

別に仕事に何の関係もないのに、でした。

博士号を取得して、日本に戻ったときに、夢が叶いました。

それはユニセフからの「親善大使になってくれないか？」という誘いでした。

「子どもと関わる仕事」ができるようになったのです。

あれから二十何年、世界の子どもたちのために活動をさせていただきました。

小学生からの夢が三十年経ってから実現したのでした。でも、まったく遅かったとは思わなかったです。

定位置にあった夢が見事に現実になったのです。

私が思い描いたものを遥かに超えた形で実現したのでした。

さらに今では教育関係の本を多く出版することもできて、若い親の子育てを手助けしています。それも子どもたちと関わる仕事です。

毎日子どもに囲まれて仕事をするわけではないけれど、したい仕事はできるようになりました。遠回りでしたが、夢をあきらめたことは一度もなかったので、今日があると思っています。

あなたも頭の中に夢の定位置をつくってください。そうすれば、行動はその夢に向けて動き出すのです。

そして、いつの間にか、夢は現実になるかもしれません。

# 43 起きたことはすべていいこと

私のパートナーは私に、「ママはどんなことも、いいことにするね」と言います。「失敗しても、その失敗したことをプラスにする。すごいポジティブ思考だね」とも言われます。

私は自分の周りに起きたことはすべていいこと。たとえ悪いことが起きても、そこから学び、何か得ることがあれば、結果としていいことになると思っています。

子どもを職場に連れて行き、「アグネス論争」が起きました。

議論するのは良かったけれど、たくさんの誹謗中傷も受けました。

仕事場に「アグネスを出演させるな。彼女は中国のスパイだ」とか脅迫の電話が

「アグネス論争」がきっかけでスタンフォード大学に留学、教育博士号を取得できました

かかってきました。

スポンサーに「私たちは全国ＰＴＡです。アグネスを使うなら不買運動を起こします」と嘘の手紙を送りつけて、私の仕事に障害を与えようとしました。

嘘の手紙を掲載した週刊誌にマネージャーが抗議に行くと、「嘘だとわかってはいるけど、儲けさせてよ」とキッパリ言われました。

心が痛みました。悩みました。

でも、結局、論争がきっかけで、スタンフォード大学の教育学部に留学し、教育、経済とジェンダーについて学び、教育博士号を取得しました。

それによって、自信を持って発言できるようになりました。

あれから働く母親に対する配慮は幾分か改善されたと思います。

しかもおかげさまで、とっても気をつけて一生懸命子育てしたので、三人の息子とも、スタンフォード大学に合格しました。

論争は結果的に私にとって、いいことになりました。

乳がんになったのは悪いことかもしれません。

でもそれによって、命の大切さを自覚しました。今を生きることを実践できるようになりました。人生がとっても豊かになったと思います。

しかも日本対がん協会の大使になり、みんなと活動をして、乳がんの検診率をあげることができました。

結果的に、乳がんもプラスになったことでした。

ものが盗まれたり、なくしたりしたときも、「身体が元気であれば、幸い。きっとこれで悪運が消えたのだ」と思うようにしています。

自分の力不足で、思うように仕事がうまくいかなかったりするときに、私はクヨクヨします。落ち込んだり、自分を責めたりします。

でも、必ず、どうすればそのことを自分の成長につなげることができるのかを考えるのです。その方法を思いつくまで、クヨクヨし続けるのです。

方法が見つかれば、必ず全力で取り組んで、その失敗を成功の元に変えていくのです。

最終のバスに乗り遅れて、歩いて帰るしかないときは「運動になってよかった」

と思います。

スタッフに裏切られ、騙されたときは「早めに知ることができてよかった」と思うようにしていました。

明らかに自分が損をする人間関係でも、「二人でハッピーでなくても、せめて一人が幸せであれば、いいことにしましょう」と考えるのです。

日本では、器が割れたら、金で直す「金継ぎ」という方法があります。割れたものが、前よりも綺麗になる技術と考え方です。

私はこの考え方が大好きです。

人間も生きていれば、必ず自身に負のことが起きます。でも、その度にそれを直して、より美しい人生を築き上げていけばいいのです。

「すべて起きたことはいいこと」が私の基本的な考えです。

# 44 愛されるより愛する

人から愛されたい欲望は自然なことです。だけどこれは自分でコントロールできないことでもあります。

いくら相手に愛してほしくても、相手が必ず自分の愛情に応えてくれるとは限りません。

世の中には、相思相愛でない人が山ほどいます。

多くの人は愛情が届かない、相手が自分を愛してくれないことで苦しんでいます。

そのなかでも、男女の間の愛、つまり、「恋愛」が、人の人生に大きく影響します。

恋愛のなかの愛情の行き違いが、たくさんの人に寂しい思いをさせています。

「恋」の元々の漢字は「戀」と書きます。上は糸が絡まるの意味で、下に心を書いて、「戀」という字になります。

文字からして、心が乱れ、割り切れない思いがあることを示しています。

「頭ではわかっているが、感情的に冷静になれない」と、恋愛中の人はそう言います。

片思いや恋に苦しむ友達を見ていると、半分は哀れと思い、半分は羨ましいと思うのです。

心が痛くなるほど人を好きなったりすることはとても素敵なことだと思います。これは人間らしい感情です。その感情が両思いになると、人間は満たされ、自信がついて、とても強くなります。

1たす1が2ではなく、二人の力が3にも4にもなるのです。場合によっては子どもが生まれ、かけ算の人生になっていくのです。

でも、両思いにならない恋もたくさんあります。

愛情のアンバランスによって、片思いになったり、相手と別れたり、失恋したりします。

それでも、私は若い方は恐れずに恋に挑戦すべきだと思います。

心が「キュン」となったり、相手のことを常に思ったり、ドキドキしたりすることは最高に素敵な感覚です。

ときめきを感じない人生はとってもつまらない人生だと思います。

だから、たとえ実らない恋でも、恋することはおすすめです。

最近は出会いを積極的に求めない若者が増えていると言われています。「チャンスがない」「めんどくさい」「傷つきたくない」「どうせ私なんか……」といろいろと理由や言い訳があるようです。

まずチャンスは自分でつくる、求めるものです。出会いにめぐり会いたいと常に思っていれば、行動は自然とその方向に向かいます。

そうすると、きっと誰かがあなたの信号を感じて、そこから出会いが始まります。

自分の心を開かないと、まるで電気のない電球のように、真っ暗で誰もあなたの存在を感じることができないのです。

だから、自分の心の中だけでもいいので、「恋したい」と思うことで、行動が変わってきます。

そして、自分の周りに、自分と同じ思いの人がいるかどうか？　誰か紹介してくれる人がいないか？　と心構えをすれば、チャンスは絶対に増えると思います。

でも、もし、自分の中で「めんどくさい」「恋したくない」と思っているなら、それは問題です。

面白い人生はメリハリがあって、山や谷があるものです。平坦な人生は面白くない、つまらない人生になってしまうかもしれません。

恋をするのはめんどくさいかもしれないですが、信じられないほどの感動や、激しい感情を経験することができます。人生のなかで、それを経験しないのは本当に残念です。

だから失敗してもいいから、「めんどうくさい」人生を選んでほしいです。

恋をするときに「傷つきたくない」「怖い」と思う人もいるようです。それはみんなある意味で「怖い」です。人を好きになるのは自分を弱い立場に立たせることです。

相手を大好きになると、その人の振る舞い一つで喜んだり、悲しんだりします。

そのときの無力さ、じれったい気持ちは耐え難いものです。

でもその気持ちを経験するのが青春です。人間です。美しさです。

たくさんの歌やポエムはその気持ちをもとにできたのです。

経験してみないのはもったいないことです。傷つくことが怖くて、出会いを避けていると、赤い糸の向こうの人に出会えなくなります。

「どうせ私なんか……」と自信がない人もいます。

それはある意味で、自分をよく理解していないと思います。高望みしすぎる人もいれば、自分を見下す人もいます。

世の中には寂しい人がいっぱいいいます。自分と同じように自信のない人もいっぱいいいます。

いつか、ちょうどいい時期に出会えれば、ぴったりの相手が見つかるのです。

心の扉を開くことは大切だと思います。

愛されるより、まずは人を愛してみましょう。

自分がコントロールできる、自分ができるところから始めれば、いつか、きっと実りのときがきます。

そして、たとえ実らなくても、人を愛した経験はあなたの人生を豊かにします。

愛することを恐れすぎないように、感動のある人生を選んでください。

愛されることを目的に恋するのではなく、愛する目的で恋しましょう。

# 第IX章
# 未来の命への言葉

「今は未来の始まり、命は終わらないサークルゲーム」

45

# 毎日が誕生日。命はいつ終わるのかわからない、毎日、今を大事にする、お祝いする

二〇〇七年、私は乳がんと診断されました。

右胸に小さなしこりが見つかり、悪性とわかり、治療を受けることになりました。

末っ子はまだ十一歳、「この子の成長が見られない？」と思うと、胸が裂かれる思いでした。

長男は大学生、次男は高校生、みんなが自立して、結婚するまでは生きていけると当たり前のように思っていました。日々がんばって、子育てをして、その成果を見たい。それが努力のご褒美と思っていました。

しかし……がん！　もしかして、このまま死んでしまうかもしれない……。

五十二歳の私は、自分の死について真剣に考えるようになりました。

幸い、早期発見、早期治療で、命は助かりました。

手術のあとに五年間の治療を受けました。

楽ではなかったですが、命の大切さを痛感しました。

最初は薬の副作用で落ち込みました。顔が腫れ上がって、仕事もできないほど、ムーンフェイスになったりしました。笑顔が消え、生きることが苦痛に感じる日さえありました。

そんなある日、ベッドに横になっていた私のところに三男がやってきて、「ママ、ジョークを言ってあげる」と言うのです。そして、本で読んだジョークを身振り手振りで話してくれました。

必死に私を笑わせようとしたのです。その愛情たっぷりの三男の姿、健気にママを励まそうとする表情を見て、涙が溢れ、閉じていた心の扉が全開になりました。

泣きながら大笑いをしました。心の底から笑いました。

何という素敵なことだろうと思いました。三男はママが笑ったので、すごく喜んでくれて、それから毎晩、私が寝る前に、「今日のジョーク」と言って、私に話をしてくれました。

いつの間にか、薬の副作用にも慣れて、明るい自分に戻りました。

生きていることは本当に素敵なことだと思いました。

あれから毎日、朝起きると、「今日は調子がいい、ありがたい」「今日は痛くないね、嬉しい」「今日も生きている、感謝」と思えるようになったのです。

そこで、大好きになった言葉ができました。

それは、「毎日が誕生日」でした。

そう、毎日が新しく生きていく一日。お祝いに適した日です。

誕生日のように感謝して、喜んで、お祝いすべきだと思いました。

毎日を大事に生きることこそ、命拾いできたことへの恩返しです。

だから、ベッドから起き上がる前に、自分に小さな声で、「ハッピーバースデー・トゥー・ミー」と歌うのです。

「今日も生かされて、ありがとう」と胸の中でつぶやきます。

お陰様で、息子たちはみんな大学を卒業し、就職して、自立しています。

長男は結婚し、この間、初孫が生まれました。

本当に感無量です。

しかし、月日が経つと、生きていることのありがたさを忘れがちです。些細なことで悩んだり、苦しんだりします。忙しいと、「疲れる」「大変」と思ってしまいます。

そういうときは、改めて自分に、「今日も誕生日ですよ」と言い聞かせます。「小さなことには気にしない！」「生きていることだけでありがたい！」と思い出すようにするのです。

気がついたら自分ももう六十代後半、こんなに長く生きられるとは思いませんでした。

あと何年あるのでしょう？　次男、三男のお嫁さんの顔を見ることができるのか？　子育てのご褒美は来るのか？　とフッと思うのです。

しかし、この考え方は間違っています。

子育ては毎日がご褒美です。一緒にいられる毎日がご褒美です。

何かの成果を望むのではなく、我が子と同じ空気を吸う、同じ時間を楽しむだけで十分なご褒美です。

将来のことよりも、今を大事にすることが大切です。

「毎日が誕生日」は自分だけでなく、周りのみんなも「毎日が誕生日」を迎えているのです。

その人の命を絶えず讃え、お祝いするのがすべての命に対する敬意です。

そう考えると、毎日がキラキラ輝くようになりました。

お日様が照っている。花が咲いている。風が吹いている。雪が舞っている。

どんな日もいい日、感謝の日、お祝いの日なのです。

# 46 未来は子どもたちからの借りもの

「未来は子どもたちからの借りもの」。

この言葉はユニセフのニューヨーク本部の門のところに書いてあります。とても良い言葉だと思います。

現在も未来も生きている時間です。

現在、生きているのは私たちの時間。

未来の時間に生きるのは子どもたちです。

それをよくするのも、悪くするのも私たちです。人のものを壊したりするのはいけないことだとしたら、未来を守るのは私たちの責任です。

温暖化が深刻な今、子どもたちに住み心地の良い地球を残すことが私たちの最大の課題です。せめて今のように、ギリギリ住めるような状態の地球は残してあげたいものです。

二〇世紀は「火の世紀」と言われました。エネルギーをたくさん持っている国、使える国が栄え、大国となりました。

二一世紀は「水の世紀」と言われます。淡水が豊富な国は生き残り、水不足の国は滅びると言われています。

ユニセフのミッションで訪ねたアフリカの各国で起きた内戦は、水争いが原因の一つになっています。

アフリカ大陸には北のサハラ砂漠と南のサバナ地域の間に、「サヘル地域」があります。いくつかの国の国土はこのサヘル地域が含まれています。この国々のなかで、イスラム過激派による内戦が起きています。

たとえば、ニジェール、ブルキナファソ、マリ、ナイジェリア、スーダンはすべて、現在内戦中です。サヘル地域はイスラムの過激派の訓練場であり、内戦はこの国々の北部から始まっているケースが多いのです。

これらの国々のうちに、私はニジェール、ナイジェリア、ブルキナファソ、スーダンを訪ねたことがあります。

現地に行ってみれば、なぜ内戦が起きるのかがもっと鮮明にわかってきます。温暖化によって極端な天候が起きます。雨が降るところは降りすぎて洪水になります。雨が少ないところではさらに雨が降らなくなり、干魃になります。サヘル地域は雨が降らなくなった地域です。

元々ギリギリの雨量で行っている半農半牧の生活が脅かされ、人々は最終手段として、争いを起こすのです。

ブルキナファソの場合を例にとってみます。私が訪ねたのは二〇〇九年でした。「温暖化による影響を見てほしい」とのユニセフの要請で、私たちは南から北へと移動しながら、温暖化の状況を見ることにしました。

南の地域はまだ雨が降り、緑がありました。オルゴンオイルが有名なブルキナファソではオルゴンの木が青々と育ち、その下に子どもたちが群れて遊んでいました。「中部から来た方を訪ねましょう」と言われ、家族を訪ねました。

「年に四ヶ月は降るはずの雨が降らず、食べられなくなったので、南に来た」と言います。

「幸い優しい地主が土地を貸してくれたので、もう一人奥さんをもらって、家族全員で幸せに暮らしています」と言いました。

しかし、地主の息子たちはこの状況に不満がいっぱいです。「俺たちが結婚して、自分の土地が必要になったときに、出て行ってもらえないかもしれないので、環境移民は大嫌いです」と言います。

知事は「これは時限爆弾のような状況です。移民が増えて、不満が増えて、争いがきっと起きます」と予測していました。

中部を訪ねたら、木々が消え、バオバブの木しか生き残らない状況でした。村を訪ねたら、「雨が降らなくなった。降るときも不規則で、農業ができない」と言います。

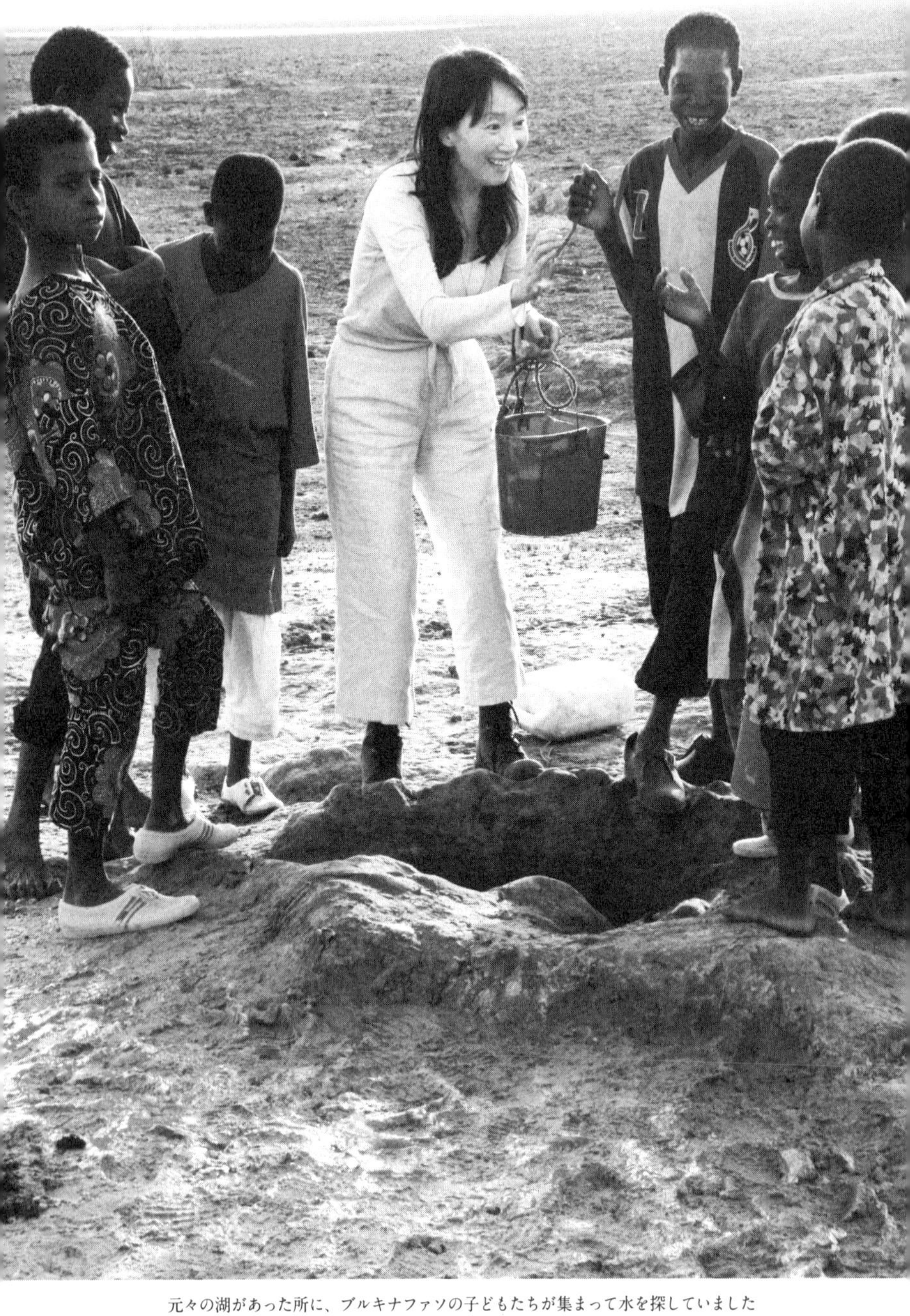

元々の湖があった所に、ブルキナファソの子どもたちが集まって水を探していました

詳しく説明してもらったら、「今年六月に待ちに待った雨が降り出したので、急いですべての種を総動員で植えました。そうしたらまったく雨が降らず、全滅です」「今年は最後の一頭の牛を売って、なんとか食べていけますが、来年は飢えてしまいます」ということでした。

さらに北に進むと、砂漠化が鮮明にわかります。

砂地の大地を歩いていると、現地の人が「今歩いている場所の下には家があったのですよ」と言います。そう聞いてびっくりしました。

さらに遊牧民族の一家に話を聞いたら、「牛を全部失いました。雨が降らないと、何もできない。きっと私たちの行いがよくないので、神様からの罰ですね」と言いました。

この惨状は神様からのイタズラなのか？　先進国の暮らしが原因なのか？

予測通り、ブルキナファソは今、内戦中です。

気候移民が原因ともいわれています。

そのほかの国も北部は遊牧民、イスラム系の住民が多いのです。

「雨が降らなくなると、農業や遊牧ができない。食べられなくなると、治安が悪くなります。奪い合い、略奪、出稼ぎなどが起きます。そのうちに飢えが始まり、政府の援助が足りないと暴動が起きます。そこでイスラム過激派が説得に入り、武装化が進み、内戦が始まるのです」と現地の方が説明してくれました。

同じ構造で内戦が始まっているのはナイジェリア、中央アフリカ共和国、スーダンなどです。ナイジェリアの北部では「ボコハラム」という過激派が女子を拉致したり、テロ活動を繰り返しています。

中央アフリカ共和国を訪ねたとき、現地の方は「ずっと平和に暮らしていたのに、北のイスラムの人が武装化して、南下してきて、キリスト教の住民を殺したりしています」「ものを奪い、女子や男子を拉致して、争いが絶えないです」と。

キリスト教の住民は対抗するためにイスラム系の村を焼け野原にしたり、国全体が混乱に陥り、戦争の終わりが見えないのです。

両方の話を聞きましたが、悲しい物語がお互いにたくさん生まれました。実はこれが温暖化と関係していることは、争いが始まると忘れられてしまいます。雨が降らず、普段の生活ができなくなったことが大きな原因の一つなのです。

戦争が起きると、一番犠牲になるのは子どもたちです。未来だけでなく、すでにたくさんの子どもたちが苦しんでいます。彼らの未来を私たちは奪っているのです。

温暖化対策ほどの急務は他にないと思います。

取り返しがつかなくなる前に、一人ひとりの子どもたちに未来を返さないといけないと思います。

# 47 AIと共に生きる

家族と鰻を食べに行く計画をして、店に電話で予約を取ろうとしました。

電話に出たのは人ではなく、AI音声でした。

「本店には席が空いてないので、近くの支店のご案内はいかがですか?」と聞かれました。

「はい」と答えると、「了解。では……」とスムーズに会話が続き、まるで人と話しているように、簡単に予約ができました。

今まで音声案内される電話は、指示に従って、番号を押して進み、予約しました。今回はすべて音声でできたので、慌てることなく予約ができました。

ＡＩの質が向上したことを実感しました。

高齢化の日本は、人手不足で、これからますますＡＩやロボットに頼ることが一般的になってくると思います。

長い時間、待たされるより機械を使ったほうが効率的で、物事が早く進みます。

この前、乳がんの定期検診に行ったときに、先生が「医療現場はこれからＡＩに頼ることが多くなります」と言われました。

「薬の種類が増えて、患者さんにぴったりな薬を選ぶときに、膨大なデータの分析が必要となります。そのとき、ＡＩは一瞬でやってくれてしまいますので、僕はすでに使い始めています」と言うのです。

「手術によってはＡＩのほうが正確な場合があります。より質の高い医療が提供できるようになります」と先生はＡＩの力を大絶賛でした。

医療は一人ひとりの患者にとって、治療も投薬もパーソナルな時代、ＡＩの力がさらに必要となると思います。

私の息子はＡＩの専門家です。

「僕たちもプログラミングのときにＡＩを使っています。基本のプログラムをつくってもらってから微調整をします。今のところは間違いも多いですが、これからはもっと頼れるようになると思います」と言います。

「ＡＩは絶えず勉強しているので、僕たちの仕事が楽になっていきます。そして、時間をかけずに、もっと発明が可能になると思います」と前向きです。

最近チャットＧＰＴが話題になっています。Googleと違って、質問をしたら、情報をまとめて、答えてくれます。

学校現場では、学生がチャットＧＰＴを使って宿題をやることを恐れて、多くの学校はチャットＧＰＴを使うのを禁止しました。

チャットＧＰＴに対抗して、他のＩＴ会社もいろんなＡＩ商品を出し始めて、これからは人工知能がさらに加速して進化していくと思います。

それを懸念して、いくつかの大きなＩＴ会社の人はＡＩの開発を止めてほしいと文書を出しました。

これは可能なのでしょうか？

技術の進化は、この十年間は足し算ではなく、かけ算で進んできたように思います。私たちの生活に、人工知能はすでに入り込んできています。

アメリカに住む長男の家はスマートホームといって、音声でなんでも頼めるようになっています。

「あのバンドの音楽をかけて」「一緒にゲームをやって」「温度を〇〇度にして」「〇時に起こして」「テレビをつけて」「〇〇さんに電話をかけて」「セキュリティをかけて」「食品を注文して」「電気を消して」「クリーニング屋に服をとりにくるように頼んで」と声でいろんなことができてしまいます。

常に充電しているので停電になっても、しばらくは動くそうです。

「賢いね」と言ったら、長男に「これは普通ですよ」と言われてしまいました。

コンピュータやスマホに聞くまでもなく、声を出して、音声で答えてくれるのです。なんだかもう一人の人間が一緒に住んでいるようで、ちょっと不気味と思いますが、とても便利です。

最近行ったレストランは、テーブルの上のＱＲコードをスキャンすると、自分の携帯にメニューが映ります。そこから注文をして、ロボットが食べ物を運んでくるのです。

あるスーパーに行ったら、会員になっている友達が買い物をしていて、そのまま会計をしないで店を出るのです。買ったものはすでに記録されて、携帯に料金と領収書が届くのです。

確実に、私たちはすでにＡＩと共に生活しています。

私も老後、息子たちのようなスマートホームに住んで、ＡＩに世話をしてもらいたいです。

できれば、介護もＡＩで、話し相手もＡＩで、若者に迷惑かけることなく、生活したいと思います。

自動運転の車があれば、自由にどこへでも行けるし、将来は明るいと思います。

そのうちに、歌も書いてもらったり、文書を編集してもらったり、仕事の面でも助けてくれるかもしれません。

ＡＩを拒否せず、私はその可能性を期待したいです。

「もうすぐ私たちはＡＩに支配されてしまいます」と友達は恐れています。

時代の流れを止めることはできません。私はＡＩの開発は止められないと思います。

「いえ、ＡＩは良い道具に過ぎないです」と息子たちは言います。

どっちにしても、すでに私たちがコントロールできる状況ではないと思います。息子たちが言うように、ＡＩが道具であれば、上手く使えるようになるのが先決だと思います。

大切なことは、私たちが「人間性」を保つことです。

ＡＩに勝てるものは人間の感情、愚かさ、想像力、想定外の発想、愛情、感情、悲しみ、喜びです。

データでは決して表せない、計算できない、人間しか持てない涙と笑いです。

それをなくさないことがＡＩ時代に生き抜く一番大事なことです。

# 何を残すかを考える

48

人生のなかでの幾分かの収穫は、誰にもあると思います。

家を建てた人もいれば、がんばって働いて子どもを育て上げた人もいます。人によっては財産を増やして子どもに残しています。

しかし、「年金生活で金銭的に余裕がなく、何も残すものがない」という人もいます。それは違うと思います。

かならず後世に残せるものがあるはずです。

自分が小さいときから聞いた格言や、物語、忘れられている童謡、お袋の味など……。これらはすべて価値があるものです。

いつか誰かの心を癒すことができるのか？　どこかで誰かに勇気を与えられるのか？　それはわかりません。

自分が大事にしていたものは、残すべきだと私は思います。

ある友達はレシピを書いています。「娘たちに残したい」と言うのです。

あるお友達は孫に手紙を書いています。「孫が成長して、自分がいなくなったときに読んでもらう」と言うのです。

私は歌手なので、歌が残ります。さらに作家として、作品が残ります。

それはとっても幸いなことです。

歌はアイドル時代のときの歌から、今の大人のラブソングやメッセージソングまで、いろんな言葉で歌っていたので、私が亡くなっても聞けると思います。それで誰かを慰めることができたら、嬉しいです。

作家としては子育て、教育の本をたくさん書きました。若い世代の子育ての悩みを少しでも減らすことができれば幸せです。

レシピの本、エッセイの本もあります。自分の感じたこと、ノウハウを次世代に伝えられたら、悔いのない人生です。

でも、残したいのは、物や技術だけではないのです。

プライベートでは、息子たちのために、それぞれに「びっくり箱」をつくっているのです。

大きめの綺麗な箱を用意しました。それぞれの名前を書いてあります。

その中には一人ひとりとの思い出の品を入れてあります。

最初に抜けた歯、切った髪、新生児のときの写真……。

一緒に行った旅行で乗った汽車の切符や、よく行った本屋の割引クーポン。大好きだった小さなおもちゃの車、などなど……。

小学校の通信簿、卒業したときの写真もそれぞれのボックスに入っています。

私が亡くなったら、楽しみながら、中身を見てもらおうと思っています。

素敵な思い出を残したいのです。子どもたちの心の中に素敵な思い出があれば、挫折したとき、寂しいとき、温かい思い出が救いになると思います。

私も辛いときに、父の言葉を思い出したり、父と一緒にアイスクリームを食べたことを思い出したり、心が和んで、勇気が出てくるのです。

私も子どもたちにとって、そんな存在になりたいと思います。

私は乳がんになった際、助かるのかどうか不安で、子どもたちのために歌を書きました。

『一人にはしないから』です。

一人にはしないから、そばにいなくっても
どこかで君をいつも見守っているから
一人にはしないから、数えきれないほど、
愛の種を君の心に託したから。
泣かないで、悲しまないで、自分を信じて。
瞳の奥の、光をいつも、なくさないで。
耳をすませば、聞こえるはず。
君のための平和のメロディー
雲の向こうに　見えない星は
今夜も、君を照らしている。

歌詞を書いているときに、息子たちへの愛が溢れ出し、何度も何度も泣きました。
残したいのはママの愛情、永遠に消えない愛情。

それを盾に、糧に、人生に向かって、勇敢で幸せに進んでほしいです。

あなたは誰に、何を残しますか？　それを考えると、胸が熱くなって、自分の人生が走馬灯のように目の前に現れるのです。

そのときに、この人生は無駄でなかったことを思い出すはずです。

# 49 人間の最大の力は愛すること

人間の最大の力は、「愛すること」だと私は思います。

人を愛することは、赤ちゃんからお年寄りまで、誰でもできます。

身体が不自由な方も、病気になっている方も、金持ちも、そうでない人も、高学歴な人も、学校に行ったことのない人も……。

誰もが生まれながらに人を愛する力を持っています。

この力は人に奪われることがありません。

この力を使うのか、使わないのかは自分で決められます。しかも、愛する力は底知れず、いくらでも湧き出てくる、使えば使うほど、人は強くなれるのです。

人を思いやることで、自分も多くの恵みを受け、人生が豊かになるのです。

私はユニセフの活動で、現場でたくさんのスタッフのみなさんに会います。献身的に活動をする人は美しく、逞しく、輝いています。

ユニセフはよく現地の女性をリクルートして、ボランティアをやってもらっています。それはエンパワーメントのためです。

彼女に人生の目標を与えます。人を思いやる役目を持って活動してもらうのです。そうすると、自分の力で誰かが助かる実感ができたとき、彼女たちは強くなり、村全体が生き生きしてくるのです。

私はグアテマラで活動する女性たちの姿に感動したことがあります。

グアテマラは中南米のなかでも、子どもたちの発達の阻害が一番深刻な国です。貧困に加え、教育不足で、子どもも大人も慢性的な栄養不足になっていました。

ユニセフは女性たちを集めて、訓練をしました。

女性たちはグループをつくって、村の他の女性を毎週イベントに参加するように呼びかけるのです。

私もそのイベントに参加しました。子連れのお母さんたちがボランティアの女性の話を聞いていました。それは基本的な栄養の知識でした。結構難しい話をしているのですが、みんな真剣に聞いていました。

ボランティアのみなさんは手振り身振りで栄養の話をするのです。ときには歌を歌ったり、ジョークを言ったりしていました。

授業が終わると、ゲームが始まりました！　ビンゴゲームです。

数字が並んで当たった人は賞品がもらえます。それも、タワシ、石鹸など小さな賞品ですが、みんなはすごく楽しくゲームをやっていました。

ただし、当たった人には質問が出されます。先に教えてもらった栄養の話です。答えを間違えると、賞品がもらえません。みんな賞品が欲しい、恥もかきたくないので、一生懸命授業を聞いていたのです。

ゲームが終わると、別のグループのボランティアが地元で穫れる食材を使って、

Ventana
1,000 días
unicef

グアテマラの女性たちは、地元の人々のためにボランティアに励んでいます（右も）
みんな良い笑顔ですね

料理教室をやります。簡単にできて栄養のある料理を教えて、でき上がったら、みんなで食べます。私が行った日は、りんごサラダでした。

そこはりんごの産地で、りんごは安く手に入るのです。

ユニセフは栄養食を低体重の子どもたちに配ります。この活動で、地元のお母さんたちは栄養について、かなり詳しくなっていました。

「私はこの活動に参加して、人のために自分が働くことを経験して、毎日が楽しいです。人を思いやり、たくさんの人から愛情をもらっています。幸せです」とボランティアの女性が話してくれました。


私たちも自分の最大の力を使って、人を思いやって、愛することで、幸せな人生を手に入れましょう。

それは今からでも遅くないのです。

どのくらいその力を使うのかは自分で決められます。

使わないと、愛する力が弱くなります。

どんどん使って、美しい自分、輝く自分に出会いましょう。

最高なあなたはこれから現れてきます。

愛する力で、無敵な強さを手に入れましょう。

愛する力を使って、豊かで、悔いのない人生を過ごしましょう。

# 50 命はリレー、終わりのない命の輪

人はなぜ死ぬのか？　どうせ死ぬなら、どうして生まれてくるのか？

これは永遠の謎で、多くの宗教も哲学も、すべての人を納得させる答えは出ていないと思います。

「終わりがあるから、限りがあるから、美しい！」と言って、逃げることもできます。

でも、「死んだらどうなるの？」「何もなくなるの？」「天国が待っているの？」「地

獄はあるの?」と、死に対する疑問は数多くあります。

キリスト教徒の私は、死後の世界があると信じています。

神様は私たちを待っています。一生懸命教え通りに生きていれば、死んだら神様のところに行けて、永遠の命がもらえると教えられています。

大人になって、この教えを疑うときもあります。

でも、信じていたほうが、迷わずに生きていけると思います。

別に天国が待っているからいいことをするのではなく、教えに素晴らしいところがあるから、それに従って生きることは正しいと思います。たとえ天国と地獄がなくても、悔いのない人生が送れると思っています。

そういう意味で、あまり「死ぬ」ことに恐怖心は持ってないのです。

でも、もし宗教を信じていない人に「死ぬ」ことを説明するとき、どうすればいいのでしょうか?

たとえば末期がんの仲間に……。最愛の人を病気や事故で亡くした友人に……。

特に相手が子どもだったとしたら、なおさら「死」について語るのは難しいです。

「死ぬと生きる」について、ある活動に参加してから、自分のなかですごく納得した答えが出ました。

それは「リレー・フォー・ライフ」という活動です。これはアメリカで始まったがん征圧の活動です。

一人の医者が患者を助ける資金を集めるために、一人で二十四時間のチャリティーマラソンをやり遂げたのです。

その素晴らしい姿に人々が感動して、彼のように一人で二十四時間は走れないけど、襷《たすき》をつないで、みんなで走って、がん征圧運動をするようになったのです。

七〇年代から始まったこの活動はアメリカ全土で毎年、約五千回行われています。集めた募金は患者を支えることから、新薬の開発までとても役に立っています。

日本では二〇〇六年からこの活動が立ち上がりました。テレビでこの活動を知って、次の年、現場に行って、みなさんを応援しました。

同じその年に、自分も乳がんと診断され、がん患者の仲間になりました。サバイバーになった私は積極的に「リレー・フォー・ライフ」に参加して、日本で広める活動を始めました。

毎年、一緒に活動した仲間が、がんが再発するなどで亡くなっていきます。しかし、私たちは彼らのことを忘れることなく、活動を続けているのです。

彼らはこの世にいないけれど、彼らの精神はこの活動のなかに生きています。

つまり肉体はなくなりますが、魂はなくならないのです。肉体は土に還って、虫の命を支え、植物を育て、動物がそれを食べ、回り回って、いつかはまた人の一部になります。

この世にあるものは、形は変わってもなくならないのです。

つまり、命はリレー、永遠に終わらない輪の中を回っているだけです。

私はいつもコンサートが始まる前、幕が上がる前に、必ず自分がつくったポエムを朗読しています。

「歌は風、音は神、愛は平和、平和は自由。私はあなた、あなたはみんな、明日は希望、希望は夢、夢は歌、歌は風……。そう、命って、終わりのない愛の歌なんですね」と。

そう考えると、形を変え、時間を超え、空間を超え、すべてとつながっているように感じるのです。

私の歌のなかに、誰かの思いが宿っている、私の身体のなかには永遠に消えない無数の命が共存しているのです。

だから、今、襷を渡されたときを、目一杯走りたい。できるだけ長く、楽しみながら走りたいです。

そして、できれば美しく走りたい。次のランナーが楽になれるように走りたいです。

この「アグネス・チャン」という存在が亡くなっても、後輩が私のことを忘れないなら、私は後輩のなかで生き続けます。

この「陳美齢」が亡くなっても、私の歌を誰かが歌うのなら、その人を通して、私は生きているのです。

もちろん、自分の子どもを通して、自分の教え子を通して、生き続けることもできます。

肉体はただの細胞の集まり。集まって、私という人間が生まれ育ったのです。

この偶々《たまたま》でき上がった「私」という生物が、どう人生を運ぶかによって、必ず周りと地球に影響を与えます。

それなら、いい影響を与えたいし、後輩によりよい環境を残してあげたいです。

せっかく出番をもらったのなら、自分がもらった能力を最大限に使ったほうが、生きることが楽しいと思います。もったいない人生にしないために、やっぱり毎日を大事に生きることが一番だと思います。

人生がリレーなら、平坦な道を与えられる選手もいるだろうし、上り坂を与えられる選手もいる。自分の区間をどうやって走るのか、どこまで早く走るかは、自分次第です。チームのために、自分の役割を考えて行動し、自分を信じてあきらめることなく、悔いのない走りをめざしたいです。

人生が終盤になって、走りは遅くなるかもしれないけれど、次の選手に襷を渡すまでは、しっかり走っていきたいです。

「小さな命からの伝言」（新日本出版社）
「アグネス流エイジング薬膳デトックス」（家の光協会）
「マザーテレサ２６の愛の言葉」（主婦と生活社）
「アグネス・チャンの命を育むスープ」（主婦の友社）
「アグネスのはじめての子育て」（近代映画社）
「東京タワーがピンクに染まった日」（現代人文社）
「わたしもぼくも地球人－みんな地球に生きるひと Part ４」（岩波ジュニア新書）
「女性にやさしい日本になれたのか－終わらない「アグネス子育て論争」」（潮出版社）
「ひなげしの終活－人生の最期にどんな記号をつける？」（パブラボ）
「スタンフォード大に三人の息子を合格させた 50 の教育法」（朝日新聞出版）
「子育てで絶対やってはいけない 35 のこと」（三笠書房）
「スタンフォードママ Dr. アグネスの究極の家庭教育メソッド 48」（扶桑社）
「未知に勝つ子育て～ AI 時代への準備～」（小学館）
「スタンフォード大学に３人の息子を入れた賢い頭としなやかな心が育つ０歳教育」（ディスカヴァー・トゥエンティワン）
「ママはあなたをあいしている、うそをつかなくっていいのよ（アグネス・チャン親子で読む絵本）４巻」（潮出版社）など多数

最新ＣＤに
アルバム「世界へとどけ　平和への歌声」～ピースフルワールド～
「アグネス 50 周年記念～クラウンコンプリートコレクション」しあわせの花束をあなたに
シングル「そこには幸せが もう 生まれているから」「ピースフル・ワールド」
「朗らかに」「この良き日に」「あなたの忘れ物」「あの丘で」「午後の通り雨」
「プロポーズ」

アグネス・チャンホームページ
http://www.agneschan.gr.jp/

＜プロフィール＞

## アグネス・チャン（AGNES CHAN）

歌手・エッセイスト・教育学博士 [Ph.D]
香港生まれ。1972年「ひなげしの花」で日本デビュー。一躍、アグネス・ブームを起こす。上智大学国際学部を経て、カナダのトロント大学（社会児童心理学）を卒業。'84年国際青年年記念平和論文で特別賞を受賞。'85年北京首都体育館チャリティーコンサートの後、エチオピアの飢餓地帯を取材、その後、芸能活動のみでなく、ボランティア活動、文化活動にも積極的に参加する。'89年、米国スタンフォード大学教育学部博士課程に留学。'94年教育学博士号(Ph.D)取得。'98年、日本ユニセフ協会大使に就任。以来、タイ、スーダン、東西ティモール、フィリピン、カンボジア、イラク、モルドバ共和国と視察を続け、その現状を広くマスコミにアピールする。2000年には本格的に歌手活動を再開、シングル「この身がちぎれるほどに」は20万枚のヒットを記録。2005年には「ペスタロッチー教育賞」を受賞。2006年「Forget Yourself」で全米歌手デビュー。2007年にはポップス歌手としては世界初となる、北京人民大会堂でのリサイタルを行う。2008年、全国112ヶ所に及ぶコンサートツアー「世界へとどけ平和への歌声」を成功させ、第50回日本レコード大賞の特別賞を受賞。2016年、ユニセフ本部より「ユニセフ・アジア親善大使」に任命され、就任。2018年の春の叙勲で旭日小綬章を受章。
現在は、芸能活動ばかりでなく、エッセイスト、大学教授、ユニセフ・アジア親善大使、日本対がん協会「ほほえみ大使」など、知性派タレント、文化人として世界を舞台に幅広く活躍している。

近刊に
「みんな地球に生きるひと／ Part 1～ Part 3」（岩波ジュニア新書）
「みんな未来に生きるひと」（旬報社）
「この道は丘へと続く」（共同通信社）
「わたしが愛する日本」（かもがわ出版）

アグネス・チャン（AGNES CHAN）
歌手・エッセイスト・教育学博士 [Ph.D]

心に響いた人生 50 の言葉

2023 年 9 月 1 日　　第 1 刷発行

著　者　アグネス・チャン
発行者　竹村正治
発行所　株式会社かもがわ出版
〒602-8119　京都市上京区堀川通出水西入
TEL 075-432-2868　FAX075-432-2869
振替 01010-5-12436
ホームページ http://www.kamogawa.co.jp
印刷所　シナノ書籍印刷株式会社


ISBN978-4-7803-1290-4 C0095